DIE BELIEBTESTEN LANDREZEPTE

DIE BELIEBTESTEN LANDREZEPTE

Herrliche Klassiker
der Landküche

garant

Unsere besten Rezepte aus der Landfrauenküche

In der modernen Küche sind Kochrezepte aus der Küche der Landfrauen nicht wegzudenken. Neben den unzähligen Gerichten der „Nouvelle Cuisine“ oder Speisen aus aller Herren Länder – Italien, Frankreich, Spanien bis Fernost – entsteht immer häufiger der Wunsch nach herzhafter Hausmannskost, wie sie die Frauen auf dem Lande zu kochen verstehen. Ohne viel Schnickschnack und für jeden Geldbeutel wählen Sie aus den Köstlichkeiten des vorliegenden Kochbuches.

Ob eine wärmende Suppe, ein würziger Braten vom Schwein, Rind oder Lamm, Krautfleckerl, Maultaschen, Fisch- und Gemüsegerichte, eine leckere Mehlspeise oder ein Nachtisch – Landfrauenrezepte sind bei Groß und Klein beliebt. Die Zubereitung ist meist sehr einfach, braucht aber, wie zum Beispiel bei einem Braten, etwas mehr Zeit. Die Rezepte sind kein „Fastfood“, das zwischen Tür und Angel verzehrt wird. Für die köstlichen Speisen sollte man sich Zeit zum Essen und Genießen nehmen. Ausschlaggebend für das Gelingen eines jeden Rezeptes sind die Qualität und Frische der einzelnen Lebensmittel. Erzeugnisse aus heimischer Produktion, wie sie auch früher verwendet wurden, sind hervorragend im Geschmack. Die Landfrauen haben erntefrisches Obst und Gemüse nur zur jeweiligen Saison zur Verfügung und der Speisezettel wurde darauf abgestimmt.

Obst und Gemüse aus den Bauerngärten sind nicht chemisch behandelt und werden auch nicht unter Glas herangezogen. So hat jede Frucht- oder Gemüsesorte ihren typischen Geschmack. Einige Gemüsesorten wie z. B. der Mangold oder die Steckrüben werden heute neu entdeckt und nehmen ihren Platz in der modernen Küche ein.

Rindfleisch, Schweinefleisch, Lamm- und Kalbfleisch, Fisch, Wild und Geflügel gehören unbedingt dazu, wenn nach den Rezepten der Landfrauen gekocht wird. Sie haben die Qual der Wahl, wenn es darum geht, für welches Gericht Sie sich entscheiden sollen. Für jeden Geschmack und für jede Vorliebe findet sich das Passende.

In diesem Buch finden Sie unsere besten Rezepte aus der Küche der Landfrauen, mit denen Sie sich und Ihre Lieben verwöhnen können. Lassen Sie sich durch die ausgewählten Gerichte und die farbenprächtigen Bilder inspirieren und probieren Sie am besten gleich eines der Rezepte aus. Wir wünschen Ihnen beim Zubereiten viel Spaß und gutes Gelingen.

Guten Appetit!

Ihre Redaktion

Rund um die Landfrauenküche

Kohlrouladen mit Tomatensoße Seite 22

Kartoffelschnitzel mit Speckböhnchen Seite 36

Spargel mit Lachsragout Seite 56

Vorräte sind unverzichtbar. Eine gut gelüftete Vorratskammer neben der Küche, wie sie früher üblich war, trifft man heute nur noch sehr selten an. Die trockenen Vorräte werden deshalb meist im Küchenschrank untergebracht. Auch wenn Mehl, Zucker, Grieß und Hülsenfrüchte fast unbegrenzt haltbar sind, sollten Sie alle Nährmittel von Zeit zu Zeit überprüfen. Gerade bei Hülsenfrüchten kann es vorkommen, dass sie Insekteneier oder -larven enthalten, die sich später zu Motten entwickeln und sich an Ihren Vorräten gütlich tun. Außerdem kann es passieren, dass Sie mit Obst, Gemüse oder Blumen Insekten in Ihre Küche tragen, die sich schnell zu einer gefräßigen Familie entwickeln können.

Ein Küchenschrank mit Vorräten sollte mindestens einmal im Jahr mit Essigwasser ausgewaschen werden. Füllen Sie den Vorratsschrank mit Bedacht, neu gekaufte Ware kommt nach hinten. Stets die Nährmittel zuerst verbrauchen, deren Verfallsdatum bald abgelaufen ist. Neben Mehl, Zucker, Honig, Grieß, Haferflocken, Puddingpulver gehören zum Vorrat: verschiedene Nudeln, Reis, Kartoffelpulver für Knödel und andere Kartoffelzubereitungen, Obst- und Gemüsekonserven. Fleisch und Wurstwaren, Seefisch und Käse sowie Beeren und Gemüse können hervorragend eingefroren werden. Kartoffeln sollten nur bei sehr großem Verbrauch in einem kühlen Keller gelagert werden. Da Kartoffeln zu Beginn des neuen Jahres zu keimen beginnen, ist es ratsam, nicht zu viele Kartoffeln einzukellern. Auf Dauer ist es preiswerter, frische Ware hinzuzukaufen, als schrumpelige Kartoffeln fortzuwerfen.

Der getrocknete Vorrat

Viele Lebensmittel können Sie trocknen. Es handelt sich um eine sehr alte Konservierungsmethode. Zum Trocknen eignen sich besonders Kräuter, Pilze, Obst und Gemüse. Frische Kräuter sorgfältig waschen, trocken schleudern, zu kleinen Sträußen zusammenbinden und an einem luftigen, schattigen Ort (Speicher, Dachvorsprung) trocknen. Im Backofen können Kräuter bei rund 30 °C getrocknet werden. Die getrockneten Kräuter in dunklen Behältern trocken aufbewahren.

Pilze (Champignons, Steinpilze, Butterpilze, Maronen, Birkenpilze) zum Trocknen sollten jung und fest sein. Sie werden von eventueller Erde befreit, in Scheiben geschnitten und aufgefädelt. An einem trockenen, luftigen Ort werden die Pilze in rund zwei Tagen getrocknet und anschließend in dunklen Gläsern aufbewahrt. Verwenden Sie getrocknete Pilze zum Würzen von Suppen, Soßen und Braten.

Äpfel werden geschält oder ungeschält vom Kerngehäuse befreit, in etwa ein Zentimeter dicke Scheiben geschnitten und aufgefädelt. Anschließend an einem warmen, trockenen und luftigen Ort aufhängen. Damit die Äpfel ihre schöne weiße Farbe behalten,

Rund um die Landfrauenküche

werden sie kurz in Salz- oder Zitronenwasser getaucht. Getrocknete Äpfel lassen sich noch biegen.

Anderes Obst wie Aprikosen, Birnen, Bananen, Erdbeeren, Feigen, Kirschen, Pfirsiche, Weintrauben und Zwetschgen werden gewaschen, entkernt oder vom Kerngehäuse befreit und mithilfe eines elektrischen Dörrgeräts langsam getrocknet.

Das Obst kann getrocknet verzehrt oder in Wasser eingeweicht oder aufgekocht und für Desserts und Kuchen verwendet werden.

Für feine Suppen, Aufläufe und Eintöpfe sind geeignet: Blumenkohlröschen, junge grüne Bohnen, Kohlrabischeiben, Lauch- und Möhrenscheiben, Paprikastreifen, Suppengemüse in Streifen, halbierte Tomaten, Wirsing- und Weißkohlstreifen, Zucchinischeiben und Zwiebelringe.

Das zerkleinerte Gemüse zwei Minuten in kochendes Wasser legen, mit kaltem Wasser abschrecken, gut abtropfen lassen und im elektrischen Dörrgerät trocknen.

Getrocknetes Gemüse in luftdichten und dunklen Gläsern oder Dosen aufbewahren.

Wie lange Obst und Gemüse zum Trocknen brauchen, hängt von der Dicke und vom Wassergehalt ab. Das Trocknen auf dem Dachboden sollte nie über fünf Tage hinausgehen. Die Ware eventuell im Backofen bei etwa 30 °C nachtrocknen. Das Dörren im Backofen dauert etwa acht bis zwölf Stunden.

Manche Gemüsescheiben sind nach dem Trocknen knusprig, anderes Gemüse und Obst ledrig, Bohnen, Mais und Erbsen werden nach dem Dörren sehr hart.

Prüfen Sie alle paar Tage die verschlossenen Gefäße mit dem Dörrgemüse und dem Dörrobst. Wenn sich kleine Wassertropfen am Deckel gebildet haben, war der Dörrvorgang noch nicht völlig abgeschlossen. Es empfiehlt sich, die Behälter einige Tage offen stehen zu lassen.

Sinnvolles Zubereiten
Neben dem günstigen Einkauf und einer guten Vorratshaltung ist es sinnvoll, auf Vorrat zu kochen; beispielsweise einen großen Topf mit Gulasch oder einen großen Braten. Die Zubereitungszeit ist unabhängig von der Menge. Ein Teil wird sofort verzehrt, der Rest wird portionsweise eingefroren.

Wenn Sie einmal einen großen Topf Kartoffeln kochen, dann überlegen Sie, was Sie die folgenden Tage daraus zubereiten

Kürbis-Küchlein mit gebratenem Schafskäse
Seite 74

Erbsengemüse „Hausmanns Art"
Seite 92

Schweinerücken mit Backpflaumenfüllung
Seite 106

Rund um die Landfrauenküche

Hackfleischauflauf mit Wirsing *Seite 98*

Topfentascherl *Seite 126*

wollen: Pellkartoffeln mit Kräutern, am nächsten Tag Kartoffelsalat und am dritten Tag Kartoffelplätzchen oder Kartoffelklöße oder Kartoffelpüree. So haben Sie Zeit und Strom gespart und können trotzdem jeden Tag ein anderes, leckeres Gericht auf den Tisch bringen.

Ebenso verfahren Sie mit einem gekochten Huhn. Servieren Sie die Hühnerbrühe mit etwas Gemüse und Nudeln oder Reis als Eintopf. Aus dem Huhn bereiten Sie am nächsten Tag einen Geflügelsalat zu.

Ob ein Braten gelingt, hängt nicht zuletzt von der Qualität des verwendeten Fleisches ab. Für einen Schmorbraten gibt es sehr gute, preiswerte Stücke wie Nacken, Bauch, Keule, Schulter oder Bug. Rind muss immer gut abgehangen sein. Bei Schwein sollte man kerniges Fleisch mit einer Fettschicht nehmen. Das Fett brät heraus und hält das Fleisch saftig. Die Schwarte wird zu einer knusprigen Kruste. Kalbfleisch soll trocken und grau getönt sein. Zum Braten immer Kalbfleisch mit Fetträndern kaufen. Was im Laden saftig aussieht, taugt nichts – es ist Wasser! Vorsicht vor fettem Hammelfleisch, es schmeckt häufig leicht tranig. Am besten fährt man mit Lammkeule.

Fettarmes Fleisch wird gespickt, damit es beim Braten nicht austrocknet. Es darf allerdings nicht zu viel gespickt werden, da bei jedem Durchbohren des Fleisches auch Saft verloren geht. Verwendet wird frischer, ungeräucherter, gut gekühlter Speck, der in längliche Streifen geschnitten und mit einer Spicknadel an der Faser entlang durch das Fleisch gezogen wird. Im Übrigen kann man Fleisch auch mit Knoblauch spicken. Man bohrt mit der Spicknadel Löcher in das Fleisch und drückt die in längliche Stifte geschnittenen Knoblauchzehen hinein.

Kräuter und Gewürze sollen den Geschmack des Bratens intensivieren, ihn aber nicht überlagern. Nelken, Lorbeerblätter und Wacholderbeeren würzen schon in kleinen Mengen recht stark.

Manche Kräuter passen besonders gut zu bestimmten Fleischsorten.

Zu Rind: Thymian, Petersilie, Schnittlauch, Oregano, Majoran.
Zu Schwein: Rosmarin, Petersilie, Schnittlauch, Basilikum, Salbei.
Zu Kalb: Estragon, Salbei, Kerbel, Basilikum.
Zu Lamm: Thymian, Oregano, Rosmarin, Majoran, Minze, Kräuter der Provence.

Zu beachten ist, dass getrocknete Kräuter mitgekocht werden, frische werden erst am Ende der Garzeit dazugegeben.

Rund um die Landfrauenküche

Jede Bratensoße wird raffinierter durch die Zugabe von Alkohol. Der Alkohol verfliegt beim Kochen fast vollständig; übrig bleiben die Aromastoffe. Trockener Weißwein passt zu allen Fleischsorten, besonders gut zu Kalb und Kaninchen. Verwendet man lieblichen Wein, schmeckt die Soße süßlich. Rotwein ist ein Muss für Wild, passt aber auch vorzüglich zu Rind und Lamm. Bier macht sich gut zu Schwein und Rind. Cognac, Weinbrand oder Calvados aromatisieren nicht nur, sie machen das Fleisch auch schön mürbe. Weinbrand passt zu Kalb und Kaninchen, Whisky zu Rind, Calvados zu Schwein, Lamm und Rind.

Bratensoßen lassen sich noch weiter veredeln. So hellt Sahne die Soße auf und mildert einen zu intensiven Geschmack. Kalte Butterflöckchen, in die heiße Soße eingerührt, verleihen ihr ein feines Aroma und eine leichte Bindung. Die Soße darf nach dem Einrühren nicht mehr aufkochen! Crème fraîche bindet und gibt eine feine Säure. Etwas Tomatenmark gibt der Soße eine gute Bindung und eine leichte Rotfärbung. Ist die Soße nicht dunkel genug, hilft die Zugabe von Zuckercouleur, die im Übrigen nicht süßt. Dafür lässt man einen Esslöffel Zucker in einem kleinen Topf bei großer Hitze dunkelbraun werden, löscht ihn mit etwas Wasser oder Malzbier ab und gibt das Ganze zur Soße. Kräftig dunkle Bratensoßen erhält man auch, wenn man eine Scheibe Pumpernickel in den Bratensaft bröselt. Die Soße wird besonders sämig und herzhaft. Ein tolles Aroma und eine kräftige Farbe bekommt man, wenn man den Bratensatz mit etwas kaltem Kaffee ablöscht. Ist die Bratensoße zu fett geworden, hilft ein simpler Trick: einfach einige Eiswürfel hineingleiten lassen. An ihnen sammelt sich in kürzester Zeit die Fettschicht. Jetzt werden die Eiswürfel mit einer Schaumkelle aus der entfetteten Soße gehoben.

Rinderrouladen mit Sauerkrautfüllung
Seite 134

Bayerischer Schweinebraten mit Honigkraut
Seite 170

DIE BELIEBTESTEN LANDREZEPTE

Süss-scharfe Erdbeerkeule

ZUTATEN

800 g Putenkeule ohne Knochen
Salz, Pfeffer aus der Mühle
100 g Erdbeeren
3 TL Zitronengraspaste
3 Knoblauchzehen
2 rote Chilischoten
1 EL Butterschmalz
2 Zwiebeln
1 Karotte
100 ml Weißwein
500 ml Gemüse- oder Geflügelbrühe
Speisestärke zum Binden

Außerdem:
frische Erdbeeren und Basilikum zum Garnieren

ZUBEREITUNG

1. Die Putenkeule unter fließendem Wasser waschen, trocken tupfen, der Länge nach in der Mitte so aufschneiden, dass das Fleisch an einer Seite noch zusammenhängt.

2. Das Fleisch auseinanderklappen, mit Salz und Pfeffer kräftig würzen.

3. Die Erdbeeren verlesen, waschen und klein schneiden. Mit der Zitronengraspaste, den geschälten, klein geschnittenen Knoblauchzehen und den halbierten, entkernten, gewaschenen und in Stücke geschnittenen Chilischoten im Mixer pürieren.

4. Die Masse auf dem Fleisch verteilen, das Fleisch zusammenrollen und mit Küchenschnur binden.

5. Das Butterschmalz in einem Bräter erhitzen und die Erdbeerkeule darin rundherum Farbe nehmen lassen.

6. Die Zwiebeln und die Karotte schälen, in feine Würfel schneiden, zum Fleisch geben und kurz mitbraten.

7. Den Weißwein und die Brühe angießen und die Erdbeerkeule im auf 180 °C vorgeheizten Backofen ca. 70 Minuten schmoren.

8. Nach Ende der Garzeit die Erdbeerkeule herausnehmen. Die Soße mit dem Pürierstab pürieren, erhitzen und mit etwas angerührter Speisestärke leicht binden.

9. Die Soße mit Salz und Pfeffer nachwürzen, mit der in Scheiben geschnittenen Erdbeerkeule dekorativ anrichten und mit frischen Erdbeeren und Basilikum garnieren. Mit Butterkaröttchen und einer bissfest gegarten Wildreismischung servieren.

Erdbeeren:
Wussten Sie, dass Erdbeeren 50 Prozent mehr Vitamin C enthalten als Zitronen? Mit einer Hand voll frischer Erdbeeren ist bereits ein erheblicher Teil unseres täglichen Bedarfs an Vitaminen und Mineralstoffen gedeckt. Vor allem die Vitamine A, B1, B2 und C machen Erdbeeren so gesund. Vitamin A stärkt die Sehkraft, die Vitamine der B-Gruppe werden von jeder einzelnen Körperzelle für den Stoffwechsel, für den Aufbau des roten Blutfarbstoffs (Hämoglobin) und für die Funktion des Nervensystems benötigt. Und Vitamin C schließlich schützt den Körper vor Infektionen und fördert die Blutbildung. An Mineralstoffen enthalten Erdbeeren vor allem Natrium, Kalzium, Phosphor und Kalium. Aber sie besitzen nicht nur einen hohen Vitamin- und Mineralstoffgehalt, sondern sind auch sehr bekömmlich. Außerdem besitzen Erdbeeren blutbildendes Eisen, Ballaststoffe und einen hohen Anteil an Folsäure. Hundert Gramm Erdbeeren haben nur ganze 37 Kalorien/148 KJ.

Menge:
Für 4 Personen:

Schwierigkeit:
leicht

Zubereitungszeit:
90 Minuten

Großmutters Hühnerfrikassee

ZUTATEN

1 kleines Suppenhuhn (ca. 1,5 kg)
1,5 l Salzwasser
1 gespickte Zwiebel (Lorbeerblätter und Nelken)
1 Bund Suppengemüse
Salz, Pfeffer aus der Mühle
1 Prise Muskat

Außerdem:
40 g Butter
40 g Mehl
500 ml Geflügelfond
200 ml süße Sahne
einige Tropfen Zitronensaft
einige Tropfen Worcestersoße
je 150 g Erbsen und Karotten (TK-Produkt)
Kräuterzweige zum Garnieren

ZUBEREITUNG

1. Das küchenfertige Suppenhuhn unter fließendem Wasser waschen und abtropfen lassen.

2. Das Salzwasser in einem Topf zum Kochen bringen. Die gespickte Zwiebel, das geputzte Gemüse und das Suppenhuhn einlegen, mit Salz, Pfeffer und Muskat würzen und bei mäßiger Hitze ca. 1 ½ Stunden köcheln lassen.

3. Nach Ende der Garzeit das Suppenhuhn herausnehmen, gut abtropfen lassen, das Fleisch auslösen und in mundgerechte Stücke schneiden.

4. Die Butter in einem Topf erhitzen, das Mehl mit dem Schneebesen einrühren. 500 ml Geflügelfond abmessen und mit dem Schneebesen in die Mehlbutter einrühren. Das Ganze zum Kochen bringen und bei mäßiger Hitze ca. 8 Minuten köcheln lassen.

5. Die Soße durch ein Sieb streichen, die Sahne angießen und erneut aufkochen lassen.

6. Die Soße mit Salz, Pfeffer, Zitronensaft und Worcestersoße kräftig abschmecken. Die Erbsen und Karotten in die Soße geben und bissfest garen.

7. Das Fleisch unterheben, alles erhitzen und nachwürzen.

8. Das Hühnerfrikassee dekorativ anrichten, mit Kräuterzweigen garnieren, mit Petersilienkartoffeln und gemischtem Salat sofort servieren.

Tipp:
Bevorzugen Sie stets Gemüse- und Obstsorten, die gerade Saison haben. Hier können Sie gewiss sein, dass Sie frische, ausgereifte und für Ihre Ernährung wertvolle Produkte erhalten. Produkte aus dem Treibhaus, die unter künstlichen Bedingungen gezogen wurden, bieten Ihnen nicht dasselbe!

Menge:
Für 4 Personen:

Schwierigkeit:
leicht

Zubereitungszeit:
120 Minuten ohne Wartezeit

Zwiebeln:
Auch hier gibt es viele verschiedene Sorten: die roten Zwiebeln, die Schalotten, die Silber- oder Perlzwiebeln, die Gemüsezwiebeln und die Lauchzwiebeln. Zwiebeln können sowohl roh als auch gekocht verwendet werden. Es ist zu empfehlen, die Zwiebeln grundsätzlich als Erstes in wenig Butter oder Margarine anzuschwitzen, denn so können sie das volle Aroma entfalten. Zwiebeln sollten erst kurz vor der Zubereitung geschält oder geputzt und klein geschnitten oder gewürfelt werden, da sie sehr schnell ihr charakteristisches Aroma verlieren.

Hackrolle mit Gemüse-Reis-Füllung

ZUTATEN

800 g Schweinehack
6 Scheiben Toastbrot
200 ml heiße Milch, 2 Eier
2–3 EL mittelscharfer Senf
2–3 EL Meerrettich
Salz, Pfeffer aus der Mühle
1 TL gemahlener Kümmel
1 Prise Cayennepfeffer
Semmelbrösel zum Binden

Für die Füllung:
500 ml Gemüse- oder Fleischbrühe
2 Karotten, 1 Stange Lauch
2 Zwiebeln, 1–2 EL Olivenöl
250 g Langkornreis
1 ½ EL Curry
1 TL geriebene Zitronenschale
1 Ei

Außerdem:
Salatblätter, Kräuterzweige und gewürfelte rote Zwiebeln zum Garnieren

ZUBEREITUNG

1. Hackfleisch in eine Schüssel geben. Toastbrot würfeln, mit der heißen Milch übergießen und kurz ziehen lassen. Mit den Eiern, dem Senf und dem Meerrettich zum Fleisch geben. Mit Salz, Pfeffer, Kümmel und Cayennepfeffer kräftig würzen. Das Ganze zu einer glatten, kompakten Masse verarbeiten und mit Semmelbröseln leicht binden.

2. Für die Füllung die Brühe erhitzen. Karotten schälen, Lauch putzen und waschen. Das Gemüse in Stücke schneiden und in der Brühe bissfest garen. Herausnehmen, gut abtropfen lassen und bereitstellen. Zwiebeln schälen und würfeln. Olivenöl erhitzen und die Zwiebeln darin glasig schwitzen.

3. Den Reis waschen, gut abtropfen lassen, zu den Zwiebeln geben und kurz mitschwitzen. Mit Curry bestäuben, mit der geriebenen Zitronenschale bestreuen und mit der Brühe auffüllen. Den Reis zum Kochen bringen und bei mäßiger Hitze 15–20 Minuten unter ständigem Rühren garen.

4. Reis abgießen, abtropfen lassen, mit dem Ei zum Gemüse geben und vermischen. Die Hackfleischmasse auf eine Arbeitsfläche geben und zu einem Rechteck ausrollen. Die Reismischung darauf verteilen und das Ganze zu einer Rolle formen.

5. Ein Stück Alufolie mit Olivenöl bestreichen, die Hackfleischrolle darauflegen und in die Alufolie wickeln. Die Hackrolle auf ein Backblech setzen und im auf 170 °C vorgeheizten Backofen 50–60 Minuten garen.

6. Die Hackrolle aus dem Ofen nehmen, die Alufolie entfernen und die Rolle in Scheiben schneiden. Die Hackrolle dekorativ anrichten, mit Salatblättern und Kräuterzweigen garnieren, mit gewürfelten Zwiebeln bestreuen und warm oder kalt servieren.

Tipp:
Getrocknete Gewürze müssen luftdicht und dunkel aufbewahrt werden, sonst ändert sich ihr Aroma. Getrocknete Gewürze sollten immer in den Gerichten mitgekocht werden, damit sie ihr Aroma voll entfalten können.

Kümmel:
Den Kümmel bekommen Sie im Handel als Samen, aber auch als Pulver. Wie bei vielen Gewürzen und Würzkräutern sollten Sie die Samen kaufen und erst kurz vor dem Gebrauch hacken oder zu Pulver vermahlen. Der Kümmelsamen hat einen leicht süßlichen, nicht ganz so scharfen Geschmack wie der Kreuzkümmel. Er ist eher milder. Für deftige Hausmannskost wie Eintöpfe, Suppen und Aufläufe ist er verwendbar. Kümmel ist auch aus der Backstube nicht wegzudenken, besonders bei den deftigeren Brotsorten, dem Bauernbrot oder den verschiedenen Vollkornprodukten ist er fast ein Muss.

Menge:
Für 4 Personen:

Schwierigkeit:
leicht

Zubereitungszeit:
90 Minuten

Gemüselasagne

ZUTATEN

3 Zwiebeln, 2 Knoblauchzehen
3–4 EL Olivenöl, 2–3 Karotten
1 Sellerieknolle, 1 Stange Lauch
50 g Tomatenmark
2 Packungen passierte Tomaten (à 400 g)
Salz, Pfeffer aus der Mühle
Cayennepfeffer, Zucker
1 EL gerebelter Oregano
1 Packung Lasagneplatten ohne Vorkochen
Olivenöl zum Ausfetten
200 g Belpaese-Käse
Kräuterzweige zum Garnieren

Menge:
Für 4 Personen:

Schwierigkeit:
leicht

Zubereitungszeit:
60 Minuten

ZUBEREITUNG

1. Zwiebeln und Knoblauch schälen und würfeln. Olivenöl erhitzen und die Zwiebeln darin glasig schwitzen. Die Karotten und den Sellerie schälen und fein würfeln, zu den Knoblauchzwiebeln geben und mitbraten.

2. Den Lauch putzen, waschen, in Scheiben schneiden, zum Gemüse geben und braten.

3. Das Tomatenmark und die passierten Tomaten einrühren, zum Kochen bringen und bei mäßiger Hitze 6–8 Minuten köcheln lassen. Die Soße mit Salz, Pfeffer, Cayennepfeffer und Oregano würzen.

4. Die Gemüsesoße mit den Lasagneplatten schichtweise in eine ausgefettete Auflaufform füllen, mit geriebenem Käse bestreuen und im auf 180–200 °C vorgeheizten Backofen 25–30 Minuten garen.

5. Nach Ende der Garzeit die Gemüselasagne aus dem Ofen nehmen, dekorativ anrichten, mit Kräuterzweigen garnieren und sofort servieren.

Jägerschnitzel

(ohne Abbildung)

ZUTATEN

8 Schweineschnitzel à 100 g
Salz, Pfeffer aus der Mühle
Mehl zum Wenden
2 Eier
150 g Semmelbrösel
Butterschmalz zum Braten

Für die Soße:
100 g Schinkenspeck
1 Zwiebel
400 g Champignons
Saft von 1 Zitrone
400 ml gebundene Bratensoße
100 ml süße Sahne
2 EL mittelscharfer Senf

ZUBEREITUNG

1. Die Schweineschnitzel unter fließendem Wasser waschen, trocken tupfen, mit Salz und Pfeffer würzen und in Mehl wenden.

2. Die Schnitzel durch die verschlagenen Eier ziehen und mit den Semmelbröseln panieren.

3. Das Butterschmalz erhitzen und die Schnitzel darin braten, herausnehmen und warm stellen.

4. Den Schinkenspeck in feine Würfel schneiden, ins verbliebene Bratfett geben und auslassen. Die Zwiebel schälen, würfeln, zum Speck geben und mitbraten.

5. Die Champignons verlesen, je nach Bedarf klein schneiden, mit Zitronensaft beträufeln, zu den Speckzwiebeln geben und kurz mitbraten.

6. Die Bratensoße angießen, zum Kochen bringen, bei mäßiger Hitze 6–8 Minuten köcheln lassen, die Sahne mit dem Senf einrühren und die Soße mit Salz und Pfeffer würzen.

7. Die Schnitzel mit der Soße dekorativ anrichten, mit Kräuterzweigen und Tomatenröschen garnieren und mit Spätzle und einem gemischten Salat servieren.

Menge:
Für 4 Personen:

Schwierigkeit:
leicht

Zubereitungszeit:
20 Minuten

Italienische Bratkartoffeln

ZUTATEN

800 g möglichst kleine, gleich große Pellkartoffeln
75 ml Olivenöl,
je 2 Zweige Rosmarin und Thymian
100 g getrocknete Tomaten
je 75 g Parmaschinken und mit Paprika gefüllte, grüne Oliven
100 ml Weißwein
100 ml Gemüse- oder Fleischbrühe
Salz, Pfeffer aus der Mühle
Parmaschinkenscheiben und Basilikum zum Garnieren

Menge:
Für 4 Personen:

Schwierigkeit:
leicht

Zubereitungszeit:
30 Minuten

ZUBEREITUNG

1. Die Pellkartoffeln schälen, je nach Größe halbieren oder vierteln.

2. Das Olivenöl in einer großen Pfanne erhitzen, die Kartoffeln dazugeben und braten.

3. Die Kräuterzweige verlesen, zerpflücken, zu den Kartoffeln geben und mitbraten.

4. Die getrockneten Tomaten je nach Größe halbieren oder vierteln, mit dem in Streifen geschnittenen Parmaschinken zu den Kartoffeln geben und kurz mitbraten.

5. Die Oliven untermischen. Den Weißwein und die Gemüse- oder Fleischbrühe angießen und das Ganze bei starker Hitze solange braten, bis die Flüssigkeit verdampft ist. Mit Salz und Pfeffer würzen.

6. Die italienischen Bratkartoffeln dekorativ anrichten, mit Parmaschinkenscheiben und Basilikum garnieren und sofort servieren.

Kartoffelauflauf

(ohne Abbildung)

ZUTATEN

800 g Kartoffeln, 500 ml Milch
Salz, Pfeffer aus der Mühle
Muskat, Cayennepfeffer
500 g Schweinefilet
1 TL Paprikapulver edelsüß
Butterschmalz zum Braten und Ausfetten
1 rote Paprikaschote
4 Frühlingszwiebeln

Für den Guss:
50 g geriebener Parmesan
100 g geriebener Emmentaler
Basilikumblättchen zum Garnieren

ZUBEREITUNG

1. Die Kartoffeln unter fließendem Wasser waschen, schälen und in Spalten schneiden.

2. Die Milch in einem Topf erhitzen, mit Salz, Pfeffer, Muskat und Cayennepfeffer würzen und die Kartoffelspalten darin fünf Minuten kochen. Herausnehmen und bereitstellen.

3. Das Schweinefilet waschen, trocken tupfen, in Scheiben schneiden, mit Salz, Pfeffer und Paprikapulver würzen, Butterschmalz in einer Pfanne erhitzen und das Fleisch darin kurz anbraten.

4. Die Paprikaschote halbieren, entkernen, waschen und in feine Streifen schneiden, die Frühlingszwiebeln putzen, waschen und in Scheiben schneiden.

5. Eine Auflaufform ausfetten, die Fleischscheiben mit den Kartoffelspalten, den Paprikastreifen und den Frühlingszwiebeln in die Form schichten.

6. Die Milch mit dem Parmesankäse und dem Emmentaler verrühren, über den Auflauf gießen und den Auflauf im auf 200 °C vorgeheizten Backofen 30 Minuten garen.

7. Den Auflauf aus dem Backofen nehmen, dekorativ anrichten, mit Basilikumblättchen garnieren und sofort servieren.

Menge:
Für 4 Personen:

Schwierigkeit:
leicht

Zubereitungszeit:
45 Minuten

Kohlrouladen mit Tomatensoße

ZUTATEN

1 kleiner Kohlkopf
Salzwasser oder Gemüsebrühe zum Blanchieren

Für die Füllung:
600 g gemischtes Hackfleisch
1 in Milch eingeweichtes, altbackenes Brötchen
2 Knoblauchzehen
1 Bund glatte Petersilie, 1 Ei
Salz, Pfeffer aus der Mühle
Butter zum Ausfetten
200 ml Weißwein
300 ml Gemüse- oder Fleischbrühe

Für die Soße:
150 g Schalotten
250 g Tomaten, 1–2 EL Olivenöl
2 Knoblauchzehen
3–4 EL Tomatenmark
2–3 EL Basilikumpesto (Fertigprodukt)
frisch gehobelter Parmesankäse
Basilikum zum Garnieren

Tipp:
Petersilie wird als das Küchenkraut schlechthin bezeichnet und auch so verwendet. Ob Krause oder Blattpetersilie, ist Ihrem Geschmack überlassen. Eines jedoch ist bei der Verarbeitung wichtig: Sie sollten frisches Kraut niemals zu lange mitkochen.

Menge:
Für 4 Personen:

Schwierigkeit:
leicht

Zubereitungszeit:
50 Minuten

ZUBEREITUNG

1. Den Kohl putzen und die Blätter ablösen. Salzwasser oder Gemüsebrühe in einem Topf erhitzen und die Kohlblätter darin blanchieren. Herausnehmen, gut abtropfen lassen und je 2–3 Kohlblätter übereinander auf eine Arbeitsfläche legen.

2. Für die Füllung das Hackfleisch mit dem gut ausgedrückten Brötchen, den geschälten und fein gehackten Knoblauchzehen, der verlesenen, gewaschenen und fein gehackten Petersilie sowie dem Ei in eine Schüssel geben.

3. Mit Salz, Pfeffer und Cayennepfeffer kräftig würzen und das Ganze zu einer glatten, kompakten Masse verarbeiten. Je eine Portion Hackmasse auf die Kohlblätter geben und mithilfe eines sauberen Küchentuches zu Rouladen drehen.

4. Die Kohlrouladen in eine ausgefettete Auflaufform setzen, mit dem Weißwein und der Brühe auffüllen und im auf 180–200 °C vorgeheizten Backofen 30–35 Minuten garen.

5. Die Schalotten schälen und würfeln. Die Tomaten waschen, den Strunk herausschneiden und die Tomaten würfeln. Das Olivenöl in einer Pfanne erhitzen, die geschälten und fein gehackten Knoblauchzehen mit den Schalottenwürfeln ins Fett geben und glasig schwitzen.

6. Die Tomaten einrühren und mitschwitzen. Zum Schluss das Tomatenmark einrühren. Nach Ende der Garzeit die Kohlrouladen aus dem Fond nehmen, abtropfen lassen und warm stellen.

7. Den Fond zu den Tomaten geben und das Ganze bei starker Hitze einreduzieren lassen. Die Kohlrouladen mit der Soße dekorativ anrichten, mit Basilikumpesto beträufeln, mit frisch gehobeltem Parmesankäse bestreuen. Mit Basilikum garnieren und sofort servieren.

Schweinerücken mit Meerrettichkruste

ZUTATEN

800 g Schweinerückenfilet
Salz, Pfeffer aus der Mühle
je 1 TL gerebelter Majoran, Thymian und Rosmarin
2–3 EL Butterschmalz
500 g Kartoffeln
2–3 EL Meerrettich
2–3 EL Butterschmalz
1 Prise Muskat
1 Prise Cayennepfeffer
500 ml Gemüse- oder Fleischbrühe

Außerdem:
150 g Schalotten
1–2 EL Butter
200 ml Rotwein
dunkler Soßenbinder

ZUBEREITUNG

1. Das Fleisch unter fließendem Wasser waschen, trocken tupfen, mit Salz, Pfeffer, Majoran, Thymian und Rosmarin kräftig würzen.

2. Das Butterschmalz in einem Bräter erhitzen und das Fleisch darin rundherum Farbe nehmen lassen.

3. Die Kartoffeln waschen, schälen und grob raspeln. Mit dem Meerrettich vermischen.

4. Das Butterschmalz in einer Pfanne erhitzen und die Kartoffelmasse darin kurz braten.

5. Mit Salz, Pfeffer, Muskat und Cayennepfeffer würzen und gleichmäßig auf dem Fleisch verteilen, leicht andrücken und in dem auf 180–200 °C vorgeheizten Backofen 35–40 Minuten garen.

6. Während der Garzeit öfter mit der Gemüse- oder Fleischbrühe ablöschen.

7. Nach Ende der Garzeit den Schweinerücken mit Meerrettichkruste aus dem Ofen nehmen und warm stellen.

8. Die restliche Brühe zum Bratenfond geben und einmal kräftig aufkochen lassen.

9. Die Schalotten schälen, halbieren oder vierteln, die Butter in einer Pfanne erhitzen und die Schalotten darin anschwitzen.

10. Den Rotwein und den Bratenfond angießen und die Schalotten bissfest garen.

11. Die Soße mit etwas dunklem Soßenbinder leicht binden. Den Braten in Scheiben schneiden, mit der Schalottensoße dekorativ anrichten und mit einem Karotten-Zucchini-Gemüse sofort servieren.

Menge:
Für 4 Personen:

Schwierigkeit:
leicht

Zubereitungszeit:
50 Minuten

Kräuter:

Kräuter enthalten neben vielen Vitaminen und Mineralstoffen noch weitere Stoffe, die sie so geeignet für das Kochen machen. Sehr wichtig sind die ätherischen Öle, durch welche die Kräuter ihr intensives Aroma entfalten. Mit ihrem würzigen Geschmack können Kräuter beim Zubereiten der Gerichte zum Teil das Salz ersetzen und so zu einer natriumärmeren Ernährung beitragen. Die weiteren Inhaltstoffe wie Harze, Bitter- und Gerbstoffe, organische Säuren und Enzyme zählen zu den sekundären Pflanzenstoffen. Diese können den menschlichen Organismus in der Verdauung unterstützen, das Immunsystem anregen, antibakteriell und entzündungshemmend wirken, den Cholesterinspiegel senken und vieles mehr.

Gefüllte Kalbsbrust

ZUTATEN

1,5 kg Kalbsbrust ohne Knochen (vom Metzger zum Füllen vorbereiten lassen)
Salz, Pfeffer aus der Mühle

Für die Füllung:
3 altbackene Brötchen
200 ml heiße Milch
300 g gemischtes Hackfleisch
1 Zwiebel, 1 Ei
½ Bund Petersilie
1 EL gerebelter Majoran
1 TL gerebelter Thymian

Außerdem:
2 Zwiebeln
2 Karotten
1 Stück Sellerie
300 ml Rotwein
400 ml Gemüse- oder Fleischbrühe
dunkler Soßenbinder
Kräuterzweige zum Garnieren

ZUBEREITUNG

1. Die küchenfertige Kalbsbrust unter fließendem Wasser waschen, trocken tupfen, innen und außen mit Salz und Pfeffer kräftig würzen.

2. Die Brötchen in Würfel schneiden, mit der heißen Milch übergießen und kurz ziehen lassen.

3. Das Hackfleisch, die geschälte und fein gewürfelte Zwiebel, das Ei, die verlesene, gewaschene und fein geschnittene Petersilie, den Majoran, den Thymian und die gut ausgedrückten Brötchen zum Hackfleisch geben und alles zu einer glatten Masse verarbeiten. Mit Salz und Pfeffer würzen.

4. Die Masse in die Kalbsbrust füllen, gut andrücken, zunähen oder mit Rouladennadeln feststecken.

5. Die Kalbsbrust in einen Bräter legen. Die Zwiebeln, die Karotten und den Sellerie schälen, in grobe Würfel schneiden und zum Fleisch geben.

6. Den Rotwein und die Gemüse- oder Fleischbrühe angießen und das Ganze im auf 180 °C vorgeheizten Backofen etwa 1 ½ Stunden garen.

7. Während der Garzeit die Kalbsbrust öfter mit dem Fond übergießen. Anschließend die gegarte Kalbsbrust herausnehmen und warm stellen.

8. Den Fond durch ein Sieb streichen und erneut erhitzen. Mit etwas dunklem Soßenbinder leicht binden. Mit Salz und Pfeffer abrunden.

9. Die gefüllte Kalbsbrust in Scheiben schneiden, mit der Soße dekorativ anrichten, mit Kräuterzweigen garnieren und mit Kartoffelknödeln und Rahmspinat sofort servieren.

Variation:
Statt der Kalbsbrust können Sie auch sehr gut eine Schweine- oder Lammbrust verwenden.

Menge:
Für 4 Personen:

Schwierigkeit:
mittel

Zubereitungszeit:
120 Minuten

Schwarzwurzeln im Teigmantel

ZUTATEN

1 kg Schwarzwurzeln
1 Zitrone
50 g Butter
Salzwasser oder Gemüsebrühe zum Garen

Für die Füllung:
300 g Karotten
2 Schalotten
150 g geriebener Butterkäse
je ½ Bund Petersilie und Basilikum
Salz, Pfeffer aus der Mühle
je 1 Prise Muskat, Zucker und Cayennepfeffer
einige Tropfen Zitronensaft
einige Tropfen Worcestersoße

Für den Teig:
150 g Mehl,
1 ½ TL Backpulver
75 g Magerquark
1 ½ EL Olivenöl
4 EL Milch, 1 Prise Salz
1 Eigelb zum Bestreichen

Außerdem:
Basilikum und Kirschtomaten zum Garnieren

ZUBEREITUNG

1. Die Schwarzwurzeln unter fließendem Wasser abbürsten und schälen. Die Zitrone halbieren, mit der Butter, dem Salzwasser oder der Gemüsebrühe in einem Topf zum Kochen bringen.

2. Die Schwarzwurzeln dazugeben und bei mäßiger Hitze bissfest garen, herausnehmen, gut abtropfen lassen und warm stellen.

3. Die Karotten schälen, grob raspeln, die Schalotten schälen und fein würfeln. Karotten, Schalotten, geriebenen Butterkäse und verlesene, gewaschene und fein gehackte Kräuter in einer Schüssel vermischen. Mit Salz, Pfeffer, Muskat, Zucker, Cayennepfeffer, Zitronensaft und Worcestersoße kräftig abschmecken.

4. Für den Teig das gesiebte Mehl mit dem Backpulver, dem Magerquark, dem Olivenöl, der Milch und dem Salz auf einer Arbeitsfläche zu einem glatten, kompakten Teig verkneten. Den Teig zugedeckt an einem warmen Ort etwa ½ Stunde ruhen lassen.

5. Den Teig auf einer bemehlten Arbeitsfläche dünn ausrollen. Die Schwarzwurzeln und die Karottenmischung gleichmäßig darauf verteilen. Den Teig darüberlegen, zu einem Strudel aufrollen und auf ein mit Backpapier ausgelegtes Backblech legen.

6. Das Eigelb mit etwas Wasser verschlagen und den Strudel damit bestreichen. Den Strudel im auf 180–200 °C vorgeheizten Backofen 35–40 Minuten backen.

7. Nach Ende der Backzeit die Schwarzwurzeln im Teigmantel aus dem Ofen nehmen, in Scheiben schneiden, dekorativ anrichten, mit Basilikum und Kirschtomatenhälften garnieren und sofort servieren.

Variation:
Statt der Schwarzwurzeln können Sie auch sehr gut frischen Spargel verwenden.

Menge:
Für 4 Personen:

Schwierigkeit:
mittel

Zubereitungszeit:
75 Minuten ohne Wartezeit

Kräuter:
Viele Kräuter wie etwa Basilikum, Fenchel oder Lorbeer wirken sich besonders positiv auf den Magen-Darm-Trakt aus. Durch ihre besonderen Inhaltsstoffe helfen Kräuter wie Rosmarin oder Brennnessel bei verschiedenen Beschwerden wie Kreislauf- oder Durchblutungsproblemen. Oregano beispielsweise wirkt appetitanregend, Koriander gilt als magenstärkend und hilft bei Völlegefühl. Dill und Basilikum beruhigen die Nerven, Petersilie und Estragon entwässern und Salbei lindert Halsbeschwerden. Mit diesem Wissen werden auch heute die Wirkstoffe der Kräuter gern zur Heilung oder Linderung vieler Leiden und Krankheiten eingesetzt.

Rote Linsensuppe mit Pernod

ZUTATEN

200 g rote Linsen
300 g Kartoffeln
200 g Karotten
200 g Rosenkohl
1 Zwiebel
2–3 EL Butter
1 l Gemüse- oder Fleischbrühe
Salz, Pfeffer aus der Mühle
je 1 Prise Muskat, Zucker und Cayennepfeffer
1 Bund Petersilie
4–6 cl Pernod

Menge:
Für 4 Personen:

Schwierigkeit:
leicht

Zubereitungszeit:
45 Minuten

ZUBEREITUNG

1. Linsen waschen und gut abtropfen lassen. Kartoffeln und Karotten schälen, Kartoffeln würfeln und Karotten in Scheiben schneiden. Rosenkohl verlesen, waschen und gut abtropfen lassen. Je nach Größe halbieren oder vierteln.

2. Die Zwiebel schälen und fein würfeln. Die Butter in einem Topf erhitzen und die Zwiebeln darin glasig schwitzen. Das Gemüse und die Linsen dazugeben und mitschwitzen.

3. Die Gemüse- oder Fleischbrühe angießen und zum Kochen bringen. Mit Salz, Pfeffer, Muskat, Zucker und Cayennepfeffer abschmecken und die Suppe bei mäßiger Hitze 20–25 Minuten köcheln lassen.

4. Petersilie verlesen, waschen, klein schneiden und mit dem Pernod unter die Suppe ziehen. Die Linsensuppe nachwürzen, dekorativ anrichten, garnieren und sofort servieren.

Roastbeef in Pfeffersoße

(ohne Abbildung)

ZUTATEN

800 g Roastbeef ohne Fettrand
2 Knoblauchzehen, 1 TL Salz
1 TL geschrotete Pfefferkörner
Schmalz zum Braten
4 Zwiebeln, 300 ml Rotwein
300 ml Gemüse- oder Fleischbrühe
2 EL Senf, 2 Lorbeerblätter
je ½ TL Wacholderbeeren und Pfefferkörner
1 EL Senfkörner

Außerdem:
2 TL geschrotete schwarze Pfefferkörner
6 cl roter Portwein
dunkler Soßenbinder
Salz, Pfeffer aus der Mühle
1 Prise Zucker

ZUBEREITUNG

1. Das küchenfertige Roastbeef unter fließendem Wasser waschen, trocken tupfen, die Knoblauchzehen schälen, hacken, mit Salz zu einer Paste zerreiben, das Roastbeef damit einreiben und mit den geschroteten Pfefferkörnern bestreuen.

2. Das Butterschmalz in einem Bräter erhitzen und das Roastbeef darin rundherum Farbe nehmen lassen. Die Zwiebeln schälen, würfeln, zum Roastbeef geben und kurz mitbraten.

3. Mit Rotwein ablöschen und mit der Gemüse- oder Fleischbrühe auffüllen, den Senf einrühren, die Lorbeerblätter, die Wacholderbeeren, die Pfefferkörner und die Senfkörner dazugeben und zugedeckt im auf 180 °C vorgeheizten Backofen 90 Minuten schmoren lassen.

4. Nach Ende der Garzeit das Roastbeef aus der Soße nehmen, in Scheiben schneiden und warm stellen. Die Soße durch ein Sieb passieren und erneut erhitzen.

5. Die geschroteten Pfefferkörner und den Portwein in die Soße geben, bei starker Hitze kurz einreduzieren lassen und mit dunklem Soßenbinder leicht binden.

6. Die Soße mit Salz, Pfeffer und Zucker abrunden, mit dem Roastbeef dekorativ anrichten, mit Zucchini-Frühlingszwiebel-Gemüse und Zapfenkroketten sofort servieren.

Menge:
Für 4 Personen:

Schwierigkeit:
leicht

Zubereitungszeit:
110 Minuten

Schwarzwurzelauflauf

ZUTATEN

1 kg Schwarzwurzeln
1 Zitrone
50 g Butter
Salzwasser oder Gemüsebrühe zum Garen

Für die Soße:
1 Zwiebel
2–3 EL Butter
250 frische Champignons
Saft von 1 Zitrone
250 g Tomaten
Salz, Pfeffer aus der Mühle
1 Prise Muskat
1 Prise Cayennepfeffer

Zum Überbacken:
200 g Sahneschmelzkäse
100 ml Milch
150 g geriebener Butterkäse
1–2 EL Basilikumpesto (Fertigprodukt)
½ Bund Petersilie

Außerdem:
Kräuterzweige zum Garnieren

ZUBEREITUNG

1. Die Schwarzwurzeln unter fließendem Wasser abbürsten, schälen und in grobe Stücke schneiden.

2. Die Zitrone halbieren, mit der Butter, dem Salzwasser oder der Gemüsebrühe in einem Topf zum Kochen bringen.

3. Die Schwarzwurzeln dazugeben und bei mäßiger Hitze bissfest garen, herausnehmen, gut abtropfen lassen und warm stellen.

4. Die Zwiebel schälen und fein würfeln. Die Butter in einer Pfanne erhitzen und die Zwiebeln darin glasig schwitzen.

5. Die Champignons putzen, waschen, in Scheiben schneiden, mit Zitronensaft beträufeln, zu den Zwiebeln geben und mitschwitzen.

6. Die Tomaten waschen, den Strunk entfernen, die Tomaten achteln, mit den Schwarzwurzeln zu den Pilzen geben, durchschwenken und erhitzen. Mit Salz, Pfeffer, Muskat und Cayennepfeffer abschmecken und in eine feuerfeste Auflaufform füllen.

7. Den Sahneschmelzkäse mit der Milch und dem geriebenen Butterkäse vermischen. Das Basilikumpesto unterrühren, mit Salz, Pfeffer, Muskat und Cayennepfeffer abschmecken. Die verlesene, gewaschene und fein gehackte Petersilie untermischen.

8. Die Käsemischung gleichmäßig auf dem Gemüse verteilen und im auf 180–200 °C vorgeheizten Backofen 20–25 Minuten garen.

9. Nach Ende der Garzeit den Schwarzwurzelauflauf herausnehmen, dekorativ anrichten, mit Kräuterzweigen garnieren und sofort servieren.

Variation:
Statt der Schwarzwurzeln können Sie auch Rosenkohl, Blumenkohl oder Brokkoli verwenden.

Menge:
Für 4 Personen:

Schwierigkeit:
leicht

Zubereitungszeit:
60 Minuten

Putenbraten mit Wirsingfüllung

ZUTATEN

800 g Putenbrust (vom Metzger zum Rollen vorbereiten lassen)
Salz, Pfeffer aus der Mühle
1 Prise Cayennepfeffer
Saft von 1 Zitrone
2–3 EL mittelscharfer Senf

Für die Füllung:
400 g blanchierter Wirsing (frisch oder TK-Produkt)
5 Scheiben Toastbrot
100 ml heiße Milch
1 TL Butter
1 Zwiebel, 1 Ei
100 g geriebener Butterkäse
Muskat, Cayennepfeffer

Außerdem:
Butterschmalz zum Anbraten
1 Zwiebel
2 Karotten
1 Stück Sellerie
200 ml Weißwein
300 ml Gemüse- oder Geflügelbrühe
200 ml süße Sahne
Speisestärke zum Binden
Kräuterzweige zum Garnieren

ZUBEREITUNG

1. Die Putenbrust waschen, trocken tupfen, mit Salz, Pfeffer und Cayennepfeffer kräftig würzen. Den Zitronensaft mit dem Senf verrühren und die Putenbrust auf einer Seite damit bestreichen.

2. Für die Füllung den Wirsing nach Bedarf klein schneiden und in eine Schüssel geben. Das Toastbrot in feine Würfel schneiden, mit der heißen Milch übergießen, kurz ziehen lassen und zum Wirsing geben.

3. Butter erhitzen. Die geschälte, fein gewürfelte Zwiebel darin glasig schwitzen, vom Herd nehmen und abkühlen lassen.

4. Zwiebeln, Ei und Käse zum Wirsing geben und vermischen. Mit Salz, Pfeffer, Muskat und Cayennepfeffer abschmecken. Gleichmäßig auf dem Fleisch verteilen, zu einem Rollbraten formen und mit Küchenschnur binden. Schmalz in einem Bräter erhitzen und den Braten darin Farbe nehmen lassen.

5. Zwiebel, Karotten und Sellerie schälen, würfeln, zum Fleisch geben und kurz mitbraten. Den Weißwein und die Gemüse- oder Fleischbrühe angießen und den Putenbraten im auf 180–200 °C vorgeheizten Backofen 50–60 Minuten garen.

6. Den Putenbraten herausnehmen und warm stellen. Die Soße durch ein Sieb streichen und erneut erhitzen. Die Sahne einrühren, zum Kochen bringen und mit angerührter Speisestärke binden. Mit Salz, Pfeffer, Muskat und Cayennepfeffer abrunden.

7. Den Putenbraten in Scheiben schneiden, mit der Soße dekorativ anrichten, mit Kräuterzweigen garnieren und mit Romanesco-Gemüse und Kartoffelpüree sofort servieren.

Variation:
Statt des Wirsings können Sie auch Weiß- oder Spitzkohl verwenden.

Menge:
Für 4 Personen:

Schwierigkeit:
leicht

Zubereitungszeit:
75 Minuten

Kartoffelschnitzel mit Speckböhnchen

ZUTATEN

4 Schweineschnitzel
Salz, Pfeffer aus der Mühle
Mehl zum Wenden

Für die Kartoffelkruste:
600 g Kartoffeln
1 Prise Cayennepfeffer
1 Prise Muskat
2 Eier
Butterschmalz zum Braten

Für die Bohnen:
600 g grüne Bohnen
Gemüsebrühe zum Garen
100 g durchwachsener, geräucherter, in dünne Scheiben geschnittener Speck
Butter zum Braten

Außerdem:
Kräuterzweige zum Garnieren

ZUBEREITUNG

1. Die Schweineschnitzel unter fließendem Wasser waschen, trocken tupfen, leicht klopfen, mit Salz und Pfeffer würzen und in Mehl wenden.

2. Die Kartoffeln schälen, waschen, grob reiben, ausdrücken und in eine Schüssel geben, mit Salz, Pfeffer, Cayennepfeffer und Muskat würzen.

3. Die Schnitzel durch die verschlagenen Eier ziehen und mit den geriebenen Kartoffeln panieren.

4. Reichlich Butterschmalz in einer Pfanne erhitzen und die Schnitzel darin langsam auf beiden Seiten goldbraun braten.

5. Die grünen Bohnen verlesen, waschen, gut abtropfen lassen, die Gemüsebrühe erhitzen und die Bohnen darin bissfest garen.

6. Herausnehmen, gut abtropfen lassen und jeweils 6–8 Bohnen in eine dünne Speckscheibe einwickeln und in der erhitzten Butter 4–5 Minuten braten.

7. Die Kartoffelschnitzel mit den Speckböhnchen dekorativ anrichten, mit Kräuterzweigen garnieren und mit gebratenen Schalotten servieren.

Menge:
Für 4 Personen:

Schwierigkeit:
leicht

Zubereitungszeit:
20 Minuten

Mittelfrühe Kartoffeln:
Sie sind frühestens Mitte August reif und werden spätestens Ende September geerntet. Sie haben eine sehr feste Schale und können deshalb im Haushalt lange Zeit aufbewahrt werden. Zur Einkellerung sind sie sehr gut geeignet. Diese Gruppe ist die größte, was die Erntemenge und die Sortenvielfalt angeht. Einige der bekanntesten festkochenden Sorten sind Exquisa, Hansa, Linda oder Nicola. Vorwiegend festkochende Sorten sind Grandifolia, Koretta, Lilu, Quarta, Roxy oder Solina. Mehlige Sorten sind Adretta, Irmgard und Likaria. Alle diese mittelfrühen Kartoffeln haben gelbes Fleisch und eine glatte bis leicht raue Haut.

Schweineschnitzel mit Zwiebelgemüse

ZUTATEN

8 Schweineschnitzel à 60–80 g
Salz, Pfeffer aus der Mühle
Mehl zum Wenden
2–3 EL Butterschmalz
4 Zwiebeln, 100 ml helles Bier
300 ml Gemüse- oder Fleischbrühe
1–2 EL Zuckerrübensirup
1–2 EL Obstessig
1 EL Paprikapulver
1 Prise Cayennepfeffer
Kräuterzweige zum Garnieren

Menge:
Für 4 Personen:

Schwierigkeit:
leicht

Zubereitungszeit:
25 Minuten

ZUBEREITUNG

1. Die Schnitzelchen waschen, trocken tupfen, mit Salz und Pfeffer würzen und im Mehl wenden. Schmalz erhitzen und die Schnitzel darin braten, herausnehmen und warm stellen.

2. Zwiebel schälen, in Scheiben schneiden, ins Bratfett geben und glasig schwitzen. Bier und Brühe angießen und die Soße einreduzieren lassen.

3. Zuckerrübensirup, Obstessig und Paprikapulver in die Soße einrühren und mit Salz, Pfeffer und Cayennepfeffer würzen. Das Fleisch in die Soße geben und darin kurz ziehen lassen. Die Schnitzelchen dekorativ anrichten, mit Kräuterzweigen garnieren und mit einem Zucchinigemüse sofort servieren.

Kalbsrahmbraten

(ohne Abbildung)

ZUTATEN

1 kg Kalbsbraten
Salz, Pfeffer aus der Mühle
1 TL geriebene Zitronenschale
1 TL Paprikapulver edelsüß
1 EL Butterschmalz
3 Zwiebeln
1 Bund Suppengemüse
je 300 ml Weißwein und Brühe
1 Lorbeerblatt
1 Rosmarinzweig
2–3 Salbeiblätter
1 TL Wacholderbeeren
1 TL Pfefferkörner
200 ml süße Sahne
Speisestärke zum Binden
1 EL Akazienhonig
einige Tropfen Zitronensaft
Kräuterzweige zum Garnieren

ZUBEREITUNG

1. Das Fleisch unter fließendem Wasser waschen und gut trocken tupfen. Mit Salz, Pfeffer, Zitronenschale und Paprikapulver würzen.

2. Das Butterschmalz in einem Bräter erhitzen und den Braten darin von allen Seiten anbraten.

3. Die Zwiebeln schälen, würfeln und dazugeben. Das Suppengemüse putzen, waschen, würfeln und ebenfalls dazugeben.

4. Den Braten mit Wein und Brühe auffüllen. Lorbeerblatt, Rosmarin, Salbei, Wacholderbeeren und Pfefferkörner in den Bratensaft geben und das Ganze 90 Minuten schmoren lassen.

5. Die Soße durch ein Sieb passieren, zurück in den Bräter geben und kurz einreduzieren lassen.

6. Die Sahne dazugeben, einmal aufkochen lassen, mit Speisestärke leicht binden, mit Honig und Zitronensaft abschmecken.

7. Den Braten in Scheiben schneiden, auf Tellern anrichten, mit Kräuterzweigen garnieren und mit Rösti servieren.

Menge:
Für 4 Personen:

Schwierigkeit:
leicht

Zubereitungszeit:
110 Minuten

Lachstäschchen auf Spinat

ZUTATEN

Für den Teig:
300 g Mehl, 3 Eier
2 EL Wasser
1 TL Olivenöl
1 Prise Salz
1 Prise Muskat

Für die Füllung:
1 Zwiebel
1 EL Butter
200 g Schichtkäse
2 Eier
250 g Räucherlachs
Salz, Pfeffer aus der Mühle
1 Prise Cayennepfeffer
1 Bund Kerbel
Semmelbrösel zum Binden
1 Eiweiß
Gemüsebrühe zum Garen

Außerdem:
50 g Butter
1 Zwiebel
2 Knoblauchzehen
500 g Blattspinat
200 g Kirschtomaten
Saft von 2 Limetten
200 ml süße Sahne
50 g gehobelter Parmesankäse
Kräuterzweige zum Garnieren

Menge:
Für 4 Personen:

Schwierigkeit:
leicht

Zubereitungszeit:
60 Minuten
ohne Wartezeit

ZUBEREITUNG

1. Das Mehl mit den Eiern, dem Wasser, dem Olivenöl, dem Salz und dem Muskat zu einem glatten, geschmeidigen Teig verkneten und zugedeckt an einem warmen Ort ½ Stunde ruhen lassen.

2. Den Teig auf einer bemehlten Arbeitsfläche hauchdünn ausrollen und Quadrate ausradeln.

3. Für die Füllung die Zwiebel schälen, fein würfeln, die Butter in einer Pfanne erhitzen und die Zwiebel darin glasig schwitzen.

4. Den Schichtkäse mit den Eiern glatt rühren, mit den Zwiebeln und 125 g fein gehacktem Räucherlachs vermischen. Mit Salz, Pfeffer und Cayennepfeffer würzen. Den Kerbel verlesen, waschen, fein schneiden und unter die Lachsmasse rühren, mit Semmelbröseln leicht binden.

5. Die Masse auf den Teigquadraten verteilen, die Kanten mit etwas verschlagenem Eiweiß bestreichen. Den Teig zusammenklappen und die Ränder gut festdrücken.

6. Die Gemüsebrühe erhitzen und die Maultaschen darin 6–8 Minuten garen. Wenn sie an der Oberfläche schwimmen, herausnehmen, gut abtropfen lassen und warm stellen.

7. Die Butter erhitzen, die Zwiebel und die Knoblauchzehen schälen, fein würfeln, ins Fett geben und glasig schwitzen. Den Spinat verlesen, waschen, gut abtropfen lassen, zu den Zwiebeln geben und fünf Minuten mitdünsten.

8. Die Kirschtomaten waschen, den Strunk herausschneiden, die Tomaten halbieren, zum Spinat geben und kurz mitschwitzen.

9. Den Limettensaft angießen, mit der Sahne auffüllen und bei mäßiger Hitze 3–4 Minuten köcheln lassen. Das Spinatgemüse mit Salz und Pfeffer würzen, auf Tellern anrichten, mit den Maultaschen belegen, den restlichen Räucherlachs dazugeben, mit gehobeltem Parmesankäse bestreuen, mit Kräuterzweigen garnieren und sofort servieren.

Gebackene Eier mit Kräuterquark

ZUTATEN

Für den Bierteig:
100 ml dunkles Bier
2 Eigelb
80 g Mehl
½ TL Salz
2 Eiweiß
1 Prise Zucker
8 hart gekochte Eier
Frittierfett zum Ausbacken

Für den Kräuterquark:
500 g Magerquark
100 ml Mineralwasser
je ½ Bund Petersilie, Basilikum und Dill
1 Bund Schnittlauch
2 EL Sahnemeerrettich
Salz, Pfeffer aus der Mühle
1 Prise Cayennepfeffer

Für den Salat:
2 rote Zwiebeln
1 gelbe Paprikaschote
2 Tomaten
1 EL Zucker
75 ml Aceto balsamico
75 ml Olivenöl

Außerdem:
Kräuterzweige zum Garnieren

ZUBEREITUNG

1. Das Bier, die Eigelbe, das Mehl und das Salz in eine Schüssel geben und zu einem glatten Teig verrühren.

2. Die Eiweiße mit dem Zucker steif schlagen und unter den Teig heben.

3. Die Eier pellen, durch den Teig ziehen und im schwimmenden Fett goldgelb ausbacken.

4. Den Magerquark mit dem Mineralwasser in einer Schüssel glatt rühren. Die verlesenen, gewaschenen und fein geschnittenen Kräuter und den Sahnemeerrettich unterrühren, mit Salz, Pfeffer und Cayennepfeffer würzen.

5. Die Zwiebeln schälen und in feine Scheiben schneiden. Die Paprikaschote halbieren, entkernen, waschen und in feine Streifen schneiden.

6. Die Tomaten waschen, den Strunk herausschneiden, die Tomaten achteln.

7. Die Salatzutaten in einer Schüssel vermischen, mit Zucker, Salz und Pfeffer würzen. Mit dem Aceto balsamico und dem Olivenöl beträufeln und kurz ziehen lassen.

8. Die gebackenen Eier mit dem Salat anrichten, den Kräuterquark dazugeben, mit Kräuterzweigen garnieren und servieren.

Menge:
Für 4 Personen:

Schwierigkeit:
leicht

Zubereitungszeit:
30 Minuten

Tipp:

Entscheidend für die Qualität des Eies sind das Futter der Legehennen und die Frische. Die Frische eines Eies können Sie testen, indem Sie es in kaltes Salzwasser legen. Sinkt das Ei auf den Grund, ist es frisch, bleibt es oben, sollten Sie es unbedingt wegwerfen. Grundsätzlich sollten Sie, bevor Sie Eier verwenden, nach dem Aufschlagen an diesen riechen. So vermeiden Sie, dass, falls doch einmal ein verdorbenes Ei dabei sein sollte, das ganze Gericht weggeworfen werden muss.

Pochierte Eier auf grüner Soße

ZUTATEN

1 Zwiebel
1 EL Butter
300 ml Gemüse- oder Geflügelbrühe
Salz, Pfeffer aus der Mühle
1 Prise Muskat
1 Prise Cayennepfeffer
je ½ Bund Petersilie, Basilikum und Zitronenmelisse
1 EL Basilikumpesto (Fertigprodukt)
200 g Doppelrahmfrischkäse

Außerdem:
1 Zwiebel
1 rote Paprikaschote
1 EL Butter
2 Tomaten
Essigwasser
8 Eier
Kräuterzweige zum Garnieren

Eier:
Hühnereier werden in folgende Gewichtsklassen unterteilt: klein S, mittelgroß M, groß L und sehr groß XL.

Das Gewicht beträgt ca. 53 – 73 g pro Ei bzw. über 73 g bei Eiern der XL-Größe.

ZUBEREITUNG

1. Die Zwiebel schälen, fein würfeln, die Butter in einem Topf erhitzen und die Zwiebelwürfel darin glasig schwitzen.

2. Die Brühe angießen und zum Kochen bringen. Mit Salz, Pfeffer, Muskat und Cayennepfeffer kräftig würzen.

3. Die Kräuter verlesen, waschen, klein schneiden, in die Brühe geben. Die Brühe mit dem Pürierstab pürieren.

4. Das Basilikumpesto und den Doppelrahmfrischkäse einrühren, erhitzen, aber nicht kochen lassen und nochmals abschmecken.

5. Die Zwiebel schälen, die Paprikaschote halbieren, entkernen, waschen, beides in sehr feine Würfel schneiden. Die Butter in einer Pfanne erhitzen, Zwiebel- und Paprikawürfel darin anschwitzen.

6. Die Tomaten enthäuten, entkernen, in Würfel schneiden, zum Gemüse geben und kurz mitschwitzen. Mit Salz, Pfeffer, Muskat und Cayennepfeffer abrunden.

7. Essigwasser in einem Topf zum Kochen bringen. Die Eier aufschlagen, vorsichtig in das Essigwasser gleiten lassen und in fünf Minuten wachsweich garen.

8. Die grüne Soße auf heißen Tellern verteilen, das Paprikagemüse dekorativ darauf anrichten, je zwei pochierte Eier daraufsetzen, mit Kräuterzweigen garnieren und mit Salzkartoffeln sofort servieren.

Menge:
Für 4 Personen:

Schwierigkeit:
leicht

Zubereitungszeit:
30 Minuten

Tipp:
Ein Ei sollte frisch sein und die Schale unbeschädigt sein. Ein frisches Ei erkennt man an einem hochgewölbten Eigelb und einem festen Eiweiß. Auf den Eierverpackungen befindet sich meist das Verpackungsdatum oder das Mindesthaltbarkeitsdatum. Ob ein Ei braun oder weiß ist, ist keine Qualitätsfrage, sondern liegt an der jeweiligen Hühnerrasse.

Kürbisschnitzel

ZUTATEN

1 kleiner Kürbis
30 g geriebener Parmesan
grober Pfeffer
150 g Kochschinken
2 EL Mehl, 1 Ei, 20 ml Milch
150 g Semmelbrösel
4 EL Öl zum Braten

Für die Tomatensoße:
1 Zwiebnel, 2 Knoblauchzehen
1 Dose (400 ml) Pizzatomaten
1 TL getr. italienische Kräuter
1 EL Akazienhonig
100 ml süße Sahne
Salz, Pfeffer aus der Mühle

Außerdem:
bissfest gegarte Spaghetti
Tomatenwürfel und Schnittlauchröllchen zum Bestreuen

Menge:
Für 4 Personen:

Schwierigkeit:
leicht

Zubereitungszeit:
30 Minuten

ZUBEREITUNG

1. Den Kürbis schälen, das Fleisch in 1 cm dicke Sheiben schneiden, etwa 8 Minuten in Salzwasser kochen und gut abtropfen lassen.

2. Die Scheiben mit Parmesankäse und Pfeffer bestreuen und mit den Schinkenscheiben umwickeln. Im Mehl wenden, in das mit der Milch verquirlte Ei eintauchen und mit den Semmelbröseln panieren. Im erhitzten Öl goldgelb ausbacken.

3. Für die Soße die Zwiebel würfeln, die Knoblauchzehen hacken und im erhitzten Öl anschwitzen. Die Pizzatomaten und die Kräuter dazugeben, das Ganze ca. 10 Minuten leicht köcheln lassen. Den Honig einrühren, zum Schluss die Sahne dazugeben. Mit Pfeffer und Salz abschmecken.

4. Die Schnitzel mit der Tomatensoße und den Spaghetti auf Tellern dekorativ anrichten, mit Tomatenwürfelchen und Schnittlauchröllchen garnieren und sofort servieren.

Geschmorte Lammschulter

(ohne Abbildung)

ZUTATEN

1 kg Lammschulter
Salz, Pfeffer aus der Mühle
3 Knoblauchzehen
je 2 Zweige Rosmarin und Thymian
2 EL Olivenöl, 1 Zwiebel
2 Karotten, 1 Stück Sellerie
2 Lorbeerblätter
je 1 TL Wacholderbeeren, Pfefferkörner und Korianderkörner
2 EL Paprikamark
je 300 ml Rotwein und Brühe
Soßenbinder
Kräuterzweige zum Garnieren

ZUBEREITUNG

1. Die küchenfertige Lammschulter waschen, trocken tupfen, mit Salz und Pfeffer kräftig würzen, das Fleisch mit einer Küchenschnur binden und in Form bringen.

2. Die Knoblauchzehen schälen, fein hacken, die Kräuter verlesen, waschen und ebenfalls fein hacken. Mit dem Knoblauch und den Kräutern das Fleisch einreiben.

3. Das Olivenöl in einem Bräter erhitzen und das Fleisch darin rundherum Farbe nehmen lassen, die Zwiebel schälen, fein würfeln, zum Fleisch geben und kurz mitbraten.

4. Die Karotten und den Sellerie putzen, schälen, würfeln, zum Fleisch geben und ebenfalls kurz mitbraten.

5. Die Lorbeerblätter, die Wacholderbeeren, die Pfefferkörner und die Korianderkörner dazugeben und das Paprikamark einrühren.

6. Mit Rotwein ablöschen, mit der Gemüse- oder Fleischbrühe auffüllen, zum Kochen bringen und im auf 180 °C vorgeheizten Backofen 80 Minuten schmoren lassen.

7. Die Lammschulter aus der Soße nehmen, warm stellen, die Soße durch ein Sieb streichen, erneut erhitzen und mit dunklem Soßenbinder binden.

8. Die Lammschulter in Scheiben schneiden, mit der Soße dekorativ anrichten, mit Kräuterzweigen garnieren, mit geschmolzenen Tomaten, Speckböhnchen und Bandnudeln sofort servieren.

Menge:
Für 4 Personen:

Schwierigkeit:
leicht

Zubereitungszeit:
120 Minuten

Putenkeule mit scharfer Brätfüllung

ZUTATEN

1 küchenfertige Putenkeule mit Knochen ca. 1,6 kg
Salz, Pfeffer aus der Mühle

Für die Füllung:
300 g Kalbsbrät
50 ml süße Sahne, 2 Eier
2–3 EL Semmelbrösel
2 EL mittelscharfer Senf
2 EL grüne Pfefferkörner
½ Chilischote
einige Tropfen Weinbrand
1 EL geriebene Zitronenschale

Außerdem:
30 g Butterschmalz
1 Zwiebel
1 Bund Röstgemüse
2 EL Tomatenmark
1–2 EL Zuckerrübensirup
Saft von 2 Orangen
200 ml Weißwein
300 ml Geflügelbrühe
200 ml süße Sahne
Speisestärke zum Binden
Basilikum zum Garnieren

ZUBEREITUNG

1. Die Putenkeule waschen und trocken tupfen. Mit einem scharfen Messer den Knochen hohl auslösen, das heißt, an dem Knochen entlang das Fleisch rundherum vorsichtig abschneiden.

2. Nachdem Sie den Knochen rundherum vom Fleisch abgelöst haben, können Sie diesen herausziehen. Die Putenkeule mit Küchenschnur am unteren Ende zusammenbinden.

3. Das Kalbsbrät in eine Schüssel geben und mit Sahne abschlagen. Eier, Semmelbrösel, Senf, Pfefferkörner sowie die entkernte und fein gehackte Chilischote zum Brät geben und alles gut untermischen.

4. Mit Weinbrand aromatisieren, die Zitronenschale untermischen und mit Salz und Pfeffer abrunden. Die Füllung mit einem Esslöffel gleichmäßig in die Putenkeule geben.

5. Die Putenkeule mit Küchenschnur zusammenbinden. Schmalz erhitzen und die Keule darin Farbe nehmen lassen. Zwiebel schälen und würfeln. Röstgemüse putzen, würfeln, mit der Zwiebel zur Putenkeule geben und kurz mitbraten.

6. Tomatenmark und Zuckerrübensirup einrühren. Mit Orangensaft und Weißwein ablöschen und mit der Geflügelbrühe auffüllen. Das Ganze in dem auf 180–200 °C vorgeheizten Backofen 70–80 Minuten schmoren lassen.

7. Nach Ende der Garzeit die Putenkeule aus der Soße nehmen und warm stellen. Die Soße pürieren und durch ein Sieb streichen. Mit der Sahne nochmals erhitzen, mit Salz und Pfeffer abrunden und mit angerührter Speisestärke binden.

8. Die Soße dekorativ anrichten, die Putenkeule in Scheiben schneiden, auf die Soße legen, mit Basilikum garnieren und mit Spargel und Kartoffeln sofort servieren.

Menge:
Für 4 Personen:

Schwierigkeit:
leicht

Zubereitungszeit:
110 Minuten

Kartoffeln in Hülle und Fülle:

Die Sortenvielfalt bei Kartoffeln ist für einen Laien kaum überschaubar. Allein in Deutschland werden zurzeit etwa 150 Sorten unterschieden. Viele davon werden allerdings nur für industrielle Zwecke angebaut, etwa zur Produktion von Alkohol oder Stärke, zur Neuzüchtung oder als Saatkartoffeln. Bei den reinen Speisekartoffeln unterscheiden wir fünf Gruppen je nach ihrer Reife- und Erntezeit: Sehr frühe Kartoffeln, frühe Kartoffeln, mittelfrühe Kartoffeln sowie mittelspäte und späte Kartoffeln.

Buntes Spargel-Speck-Gemüse mit Rinderfilet

ZUTATEN

1 kg weißer Spargel
Salzwasser oder Gemüsebrühe
½ Zitrone
50 g Butter
Salz, Pfeffer aus der Mühle
1 Prise Muskat
1 Bund Fingermöhrchen
300 g grüne Bohnen
100 g Frühstücksspeck in dünnen Scheiben
50 g Butter

Außerdem:
800 g Rinderfilet
2 EL scharfer Senf
2 EL Chilisoße
Kräuterzweige zum Garnieren

ZUBEREITUNG

1. Den Spargel dünn schälen und die unteren Enden abschneiden.

2. Salzwasser oder Gemüsebrühe mit der Zitronenhälfte und der Butter in einem Topf zum Kochen bringen. Mit Salz, Pfeffer und Muskat würzen.

3. Die Spargelstangen in den Sud legen und bei mäßiger Hitze bissfest garen, herausnehmen, gut abtropfen lassen und in grobe Stücke schneiden.

4. Die Fingermöhrchen putzen, waschen und in mundgerechte Stücke schneiden, im Spargelsud bissfest garen, herausnehmen, gut abtropfen lassen und warm stellen.

5. Die grünen Bohnen putzen und im Spargelfond bissfest garen, herausnehmen und gut abtropfen lassen. Je 6–8 Bohnen in je eine Speckscheibe wickeln.

6. Die Butter in einer Pfanne erhitzen, die Spargelstücke, die Möhrchen und die Speckbohnen darin bei mäßiger Hitze kurz braten.

7. Das küchenfertige Rinderfilet unter fließendem Wasser waschen, trocken tupfen, mit Salz und Pfeffer würzen.

8. Den Senf mit der Chilisoße verrühren und das Fleisch damit einstreichen.

9. Das Filet in ein entsprechend großes Stück Alufolie wickeln und im auf 180–200 °C vorgeheizten Backofen je nach Dicke des Filets 20–30 Minuten garen.

10. Nach Ende der Garzeit das Filet aus dem Ofen nehmen, die Alufolie entfernen, in Scheiben schneiden, mit dem Spargelgemüse anrichten, mit Kräuterzweigen garnieren und sofort servieren.

Tipp:
Spargel wird unter fließendem Wasser gründlich gewaschen, um alle Sandreste zu entfernen. Mit einem Gemüseschäler oder einem speziellen Spargelschäler wird Bleichspargel immer von oben nach unten sorgfältig dünn geschält. Danach schneidet man die holzigen Enden ab. Von frischem Spargel wird meist nur ein 1–2 cm kleines Stück entfernt. Grüner Spargel muss nicht geschält werden.

Menge:
Für 4 Personen:

Schwierigkeit:
leicht

Zubereitungszeit:
45 Minuten

Eierpolster

ZUTATEN

400 g Blumenkohlröschen
400 g Brokkoliröschen
Salzwasser oder Gemüsebrühe zum Garen
10 Eier, 40 ml süße Sahne
200 g geriebener Butterkäse
Salz, Pfeffer aus der Mühle
je 1 Prise Muskat und Cayennepfeffer
3 Zweige Thymian
Butter zum Ausbacken
Champignon- und Kirschtomatenscheiben zum Garnieren

Menge:
Für 4 Personen:

Schwierigkeit:
leicht

Zubereitungszeit:
30 Minuten

ZUBEREITUNG

1. Die Blumenkohl- und Brokkoliröschen verlesen und waschen. Salzwasser oder Gemüsebrühe in einem Topf zum Kochen bringen und das Gemüse darin bissfest garen, herausnehmen und gut abtropfen lassen.

2. Die Eier mit der Sahne in einer Schüssel verschlagen. Den Butterkäse untermischen, mit Salz, Pfeffer, Muskat und Cayennepfeffer würzen und den zerpflückten Thymian einrühren.

3. Die Butter in einer großen Pfanne erhitzen, das Gemüse dazugeben und durchschwenken. Die Käse-Ei-Masse darüber gießen und im auf 160 °C vorgeheizten Backofen 15 Minuten backen.

4. Den Eierpolster aus dem Ofen nehmen, anrichten, mit Champignon- und Kirschtomatenscheiben garnieren, mit einem bunten Salat mit Zitronendressing servieren.

Burgunder Gänsekeulen

(ohne Abbildung)

ZUTATEN

4 Gänsekeulen
Salz, Pfeffer aus der Mühle
2 Knoblauchzehen
je 2 Zweige Rosmarin, Thymian und Beifuß
1 EL Kümmel
1 TL Pfefferkörner
1 TL Korianderkörner
2 EL geriebene Zitronenschale
2 EL Butterschmalz
1 l Burgunder Rotwein
250 g Schalotten
2 Karotten
250 g frische Champignons
4 cl Schlehenlikör
Braten- oder Geflügelsoße zum Binden
½ Bund Petersilie

ZUBEREITUNG

1. Die Gänsekeulen unter fließendem Wasser waschen, trocken tupfen, mit Salz und Pfeffer kräftig würzen.

2. Die Knoblauchzehen schälen und auf einem Arbeitsbrett hacken. Die zerpflückten Kräuter, die Gewürze und die Zitronenschale dazugeben und mit dem Messerrücken zu einer Paste zerreiben. Die Gänsekeulen damit einreiben.

3. Das Schmalz in einem Bräter erhitzen und die Keulen darin rundherum Farbe nehmen lassen. Den Rotwein angießen und die Keulen im auf 180–200 °C vorgeheizten Backofen 1 ½–2 Stunden schmoren lassen.

4. Die Schalotten und die Karotten schälen, in mundgerechte Stücke schneiden, 30 Minuten vor Garende zu den Gänsekeulen geben.

5. Die Champignons putzen, je nach Größe halbieren oder vierteln und 10 Minuten vor Garende zu den Gänsekeulen geben.

6. Nach Ende der Garzeit die Soße mit Schlehenlikör verfeinern, mit Salz und Pfeffer abrunden und mit der Braten- oder Geflügelsoße leicht binden.

7. Die Burgunder Gänsekeulen auf heißen Tellern dekorativ anrichten, mit der verlesenen, gewaschenen und fein geschnittenen Petersilie bestreuen und mit Mandelbällchen sofort servieren.

Menge:
Für 4 Personen:

Schwierigkeit:
leicht

Zubereitungszeit:
130 Minuten

Putenrouladen mit Spargelfüllung

ZUTATEN

4 große, dünne Putenschnitzel
Salz, Pfeffer aus der Mühle
2 EL Kräutersenf
200 g feines Rinderhack
50 ml süße Sahne
30 g frische, gehackte Kräuter (Petersilie, Basilikum)
1 TL geriebene Zitronenschale
1 Ei, 150 g bissfest gegartger Spargel
2 -3 EL Butterschmalz
100 ml Weißwein
400 ml Spargelfond

Außerdem:
200 ml süße Sahne
Speisestärke zum Binden
einige Tropfen Zitronensaft
einige Tropfen Worcestersoße
1 Prise Cayennepfeffer
100 g geriebener Butterkäse
Basilikum und Spargelspitzen zum Garnieren

ZUBEREITUNG

1. Die Putenschnitzel unter fließendem Wasser waschen, trocken tupfen, mit Salz und Pfeffer würzen und auf eine Arbeitsfläche legen.

2. Die Putenschnitzel mit dem Kräutersenf bestreichen.

3. Das Rinderhack mit der Sahne, den Kräutern, der Zitronenschale und dem Ei in einer Schüssel zu einer glatten Masse verrühren. Mit Salz und Pfeffer würzen.

4. Die Hackfleischmasse gleichmäßig auf die Putenschnitzel streichen. Den Stangenspargel darauflegen, die Schnitzel zu Rouladen formen, mit Küchenschnur binden oder mit Rouladennadeln feststecken.

5. Das Butterschmalz in einem Bräter erhitzen und die Putenrouladen darin rundherum Farbe nehmen lassen. Den Weißwein und den Spargelfond angießen und im auf 180–200 °C vorgeheizten Backofen 20–25 Minuten garen.

6. Nach Ende der Garzeit die Putenrouladen herausnehmen und warm stellen. Die Sahne in die Soße einrühren und einmal kräftig aufkochen lassen. Mit etwas angerührter Speisestärke leicht binden.

7. Die Soße mit Zitronensaft, Worcestersoße, Salz, Pfeffer und Cayennepfeffer kräftig abschmecken und in eine Auflaufform geben. Die Putenrouladen einsetzen, mit geriebenem Butterkäse bestreuen und im auf 200–220 °C vorgeheizten Backofen 6–8 Minuten überbacken.

8. Die Putenrouladen mit der Soße auf heißen Tellern anrichten, mit Basilikum und Spargelspitzen garnieren, mit Grilltomaten, Butternudeln und Spargel sofort servieren.

Variation:
Statt Butterkäse können Sie auch einen Parmesan oder einen anderen Hartkäse verwenden.

Menge:
Für 4 Personen:

Schwierigkeit:
leicht

Zubereitungszeit:
60 Minuten

Spargel mit Lachsragout

ZUTATEN

1 kg weißer Spargel
Salzwasser oder Gemüsebrühe
50 g Butter
½ Zitrone
Salz, Pfeffer aus der Mühle
1 Prise Muskat

Für das Ragout:
800 g Lachsfilet
Saft von 1 Zitrone
einige Tropfen Worcestersoße
500 ml Fischfond
1 gespickte Zwiebel (Lorbeer und Nelken)
2–3 EL Weißweinessig

Für die Soße:
2–3 EL Butter
1 Zwiebel
300 ml Spargelfond
200 ml süße Sahne
Speisestärke zum Binden
2–3 cl Pernod
1 Prise Cayennepfeffer
1 Prise Zucker
50 g frische Kräuter (Petersilie, Dill, Estragon)

Außerdem:
Kräuterzweige zum Garnieren

ZUBEREITUNG

1. Den Spargel putzen, dünn schälen und die unteren Enden abschneiden. Salzwasser oder Gemüsebrühe mit der Butter und der Zitronenhälfte in einem Topf zum Kochen bringen.

2. Den Sud mit Salz, Pfeffer und Muskat kräftig abschmecken und die Spargelstangen darin bissfest garen.

3. Für das Ragout das küchenfertige Lachsfilet unter fließendem Wasser waschen, trocken tupfen und in Würfel schneiden. Mit Zitronensaft und Worcestersoße beträufeln, mit Salz und Pfeffer würzen und im Kühlschrank 10–15 Minuten ziehen lassen.

4. Den Fischfond mit der gespickten Zwiebel und dem Weißweinessig in einem Topf zum Kochen bringen. Die Lachswürfel einlegen und bei mäßiger Hitze in 10 Minuten gar ziehen lassen.

5. Für die Soße die Butter in einem Topf erhitzen. Die Zwiebel schälen, fein würfeln, ins Fett geben und glasig schwitzen.

6. 300 ml Spargelfond und die Sahne angießen und zum Kochen bringen. Mit etwas angerührter Speisestärke leicht binden.

7. Die Soße mit Pernod, Salz, Pfeffer, Muskat, Cayennepfeffer und Zucker abschmecken und die verlesenen, gewaschenen und fein geschnittenen Kräuter untermischen.

8. Die Lachswürfel und den Spargel aus dem Sud nehmen, gut abtropfen lassen, auf der Soße dekorativ anrichten, mit Kräuterzweigen garnieren und mit Butterkartoffeln sofort servieren.

Variation:
Statt Lachsfilet können Sie auch ein anderes Fischfilet verwenden.

Menge:
Für 4 Personen:

Schwierigkeit:
leicht

Zubereitungszeit:
45 Minuten

Schweinegeschnetzeltes auf grünem Spargel

ZUTATEN

1 kg grüner Spargel
Salzwasser oder Gemüsebrühe
50 g Butter, ½ Zitrone
Salz, Pfeffer aus der Mühle
1 Prise Muskat

Für das Geschnetzelte:
800 g Schweinefleisch aus der Oberschale
1 EL geschrotete, schwarze Pfefferkörner
1 EL gerebelter Majoran
2–3 EL Butterschmalz
2–3 Schalotten
1–2 Knoblauchzehen
100 ml Weißwein
400 ml Spargelfond
200 ml süße Sahne
Speisestärke zum Binden
100 g Sahneschmelzkäse
50 g frische, gemischte Kräuter (Petersilie, Schnittlauch, Basilikum)

Außerdem:
2–3 Tomaten
1–2 EL Butter
Kräuterzweige zum Garnieren

ZUBEREITUNG

1. Den grünen Spargel putzen und die unteren Enden abschneiden. Salzwasser oder Gemüsebrühe mit der Butter und der Zitronenhälfte in einem Topf zum Kochen bringen. Mit Salz, Pfeffer und Muskat würzen, die Spargelstangen einlegen und bei mäßiger Hitze bissfest garen.

2. Das Schweinefleisch unter fließendem Wasser waschen, trocken tupfen und in feine Streifen schneiden. Mit geschrotetem Pfeffer und Majoran würzen.

3. Butterschmalz in einer Pfanne erhitzen und das Fleisch darin rundherum Farbe nehmen lassen.

4. Die Schalotten und die Knoblauchzehen schälen, fein würfeln, zum Fleisch geben und mitbraten.

5. Den Weißwein, den Spargelfond und die Sahne angießen, zum Kochen bringen und bei mäßiger Hitze 15 Minuten köcheln lassen.

6. Mit etwas angerührter Speisestärke leicht binden, mit Salz und Pfeffer abrunden.Den Schmelzkäse und die verlesenen, gewaschenen und fein geschnittenen Kräuter unter das Geschnetzelte ziehen.

7. Die Tomaten waschen, den Strunk herausschneiden, die Tomaten halbieren, entkernen und in Streifen schneiden. Die Butter erhitzen und die Tomatenstreifen darin anschwitzen, mit Salz und Pfeffer würzen.

8. Den grünen Spargel auf heißen Tellern anrichten, mit dem Schweinegeschnetzelten überziehen, die Tomatenstreifen daraufgeben, mit Kräuterzweigen garnieren und mit Kartoffelpüree servieren.

Menge:
Für 4 Personen:

Schwierigkeit:
leicht

Zubereitungszeit:
45 Minuten

Kräuter:

Kräuter enthalten neben vielen Vitaminen und Mineralstoffen noch weitere Stoffe, die sie so geeignet für das Kochen machen. Sehr wichtig sind die ätherischen Öle, durch welche die Kräuter ihr intensives Aroma entfalten. Mit ihrem würzigen Geschmack können Kräuter beim Zubereiten der Gerichte zum Teil das Salz ersetzen und so zu einer natriumärmeren Ernährung beitragen. Die weiteren Inhaltstoffe wie Harze, Bitter- und Gerbstoffe, organische Säuren und Enzyme zählen zu den sekundären Pflanzenstoffen. Diese können den menschlichen Organismus in der Verdauung unterstützen, das Immunsystem anregen, antibakteriell und entzündungshemmend wirken, den Cholesterinspiegel senken und vieles mehr.

Zucchinifleisch

ZUTATEN

1 kg Zucchini
400 g Putenschnitzel
Salz, Pfeffer aus der Mühle
1 TL Olivenöl
100 ml Weißwein
1 EL Curry
Saft und Schale von 1 Zitrone
1–2 EL Sojasoße
250 g bissfest gegarte Hörnchennudeln
Rucola und gebratene Paprikawürfel zum Garnieren

Menge:
Für 4 Personen:

Schwierigkeit:
leicht

Zubereitungszeit:
30 Minuten

ZUBEREITUNG

1. Die Zucchini putzen, waschen und in 2–3 cm dicke Scheiben schneiden.

2. Die Putenschnitzel unter fließendem Wasser waschen, trocken tupfen, in Streifen schneiden, mit Salz und Pfeffer würzen.

3. Etwas Olivenöl in einer beschichteten Pfanne erhitzen und das Fleisch darin anbraten, herausnehmen und warm stellen.

4. Die Zucchinischeiben ins verbliebene Bratfett geben und anbraten. Mit Weißwein ablöschen, den Curry untermischen, mit Salz, Pfeffer, Zitronensaft und Zitronenschale sowie Sojasoße abschmecken und die Zucchini bissfest dünsten.

5. Nach Ende der Garzeit das Fleisch und die Nudeln unter das Zucchinigemüse heben, kurz braten und nachwürzen.

6. Das Zucchinifleisch dekorativ anrichten, mit Rucola und gebratenen Paprikawürfeln garnieren und sofort servieren.

Spargelnudeln

(ohne Abbildung)

ZUTATEN

je 300 g grüner und weißer Spargel
Salzwasser zum Garen
einige Tropfen Olivenöl
300 g Bandnudeln
3–4 EL Butter
1 Zwiebel
200 g Kirschtomaten
Salz, Pfeffer aus der Mühle
1 Prise Muskat
1 Prise Cayennepfeffer
300 g Mozzarella
Basilikum zum Garnieren

ZUBEREITUNG

1. Den Spargel putzen und die Spargelspitzen (4–5 cm) abschneiden, den weißen Spargel dünn schälen, mit dem Sparschäler der Länge nach in dünne Streifen schneiden.

2. Das Salzwasser mit dem Olivenöl in einem Topf zum Kochen bringen und die Spargelstreifen und Spargelspitzen darin garen, herausnehmen und gut abtropfen lassen.

3. Die Nudeln im Spargelfond bissfest garen, abgießen, abschrecken und gut abtropfen lassen.

4. Die Butter in einer großen Pfanne erhitzen. Die Zwiebel schälen, fein würfeln, ins Fett geben und glasig schwitzen.

5. Die Nudeln und die Spargelstreifen dazugeben und durchschwenken. Die Kirschtomaten waschen, den Strunk herausschneiden, die Tomaten vierteln, zu den Nudeln geben und kurz mitschwitzen.

6. Mit Salz, Pfeffer, Muskat und Cayennepfeffer abschmecken. Mit dem in Scheiben geschnittenen Mozzarella belegen und in dem auf 180–200 °C vorgeheizten Backofen kurz überbacken.

7. Die Spargelnudeln aus dem Ofen nehmen, mit den Spargelspitzen anrichten, mit Basilikum garnieren und sofort servieren.

Menge:
Für 4 Personen:

Schwierigkeit:
leicht

Zubereitungszeit:
50 Minuten

Hähnchenbrustfilets auf Zucchini-Rahmsoße

ZUTATEN

Für das Erbsenpüree:
250 g gelbe Erbsen
1 l Gemüsebrühe
50 ml süße Sahne
1–2 EL Butter
Salz, Pfeffer aus der Mühle
1 Prise Muskat

Für die Hähnchenbrust:
4 Hähnchenbrustfilets
Fett zum Braten
4 Scheiben trockenes Toastbrot
50 g geriebener Parmesankäse
1 TL geriebene Zitronenschale
1 Knoblauchzehe
je 1 Zweig Thymian und Rosmarin
½ Bund Petersilie
2 Eigelb
50 g flüssige Butter

Für die Zucchinisoße:
1 große Zucchini
1 Zwiebel
1–2 EL Butter
125 ml Weißwein
250 ml Gemüsebrühe
125 g Kräuter-Crème-fraîche
Speisestärke zum Binden
1 Prise Cayennepfeffer
frisch geschnittener Schnittlauch und gekochte, gehackte Erbsen zum Bestreuen

Menge:
Für 4 Personen:

Schwierigkeit:
leicht

Zubereitungszeit:
120 Minuten

ZUBEREITUNG

1. Die Erbsen in die kochende Gemüsebrühe geben und bei mäßiger Hitze 80–90 Minuten garen. Nach Ende der Garzeit die Erbsen abgießen, dabei die Gemüsebrühe auffangen.

2. Die Erbsen mit etwas Brühe pürieren. Zum Schluss die Butter unter das Püree ziehen, mit Salz, Pfeffer und Muskat würzen.

3. Die Hähnchenfilets waschen, trocken tupfen, mit Salz und Pfeffer kräftig würzen. Etwas Fett in einer Pfanne erhitzen, die Filets darin anbraten und anschließend auf ein Backblech legen.

4. Das Toastbrot fein reiben, mit dem Parmesan und der Zitronenschale in eine Schüssel geben.

5. Die Knoblauchzehe schälen, fein hacken, die Kräuter verlesen, waschen und ebenfalls fein hacken. Mit den Eigelben und der flüssigen Butter zum Brot geben und zu einer glatten Masse verrühren.

6. Die Brotmischung mit Salz, Pfeffer und Muskat würzen, auf die Hähnchenbrustfilets streichen und im auf 180–200 °C vorgeheizten Backofen 18–20 Minuten garen.

7. Für die Soße die Zucchini putzen, waschen und grob raspeln. Die Zwiebel schälen und fein würfeln. Butter erhitzen. Zwiebeln und Zucchini darin anschwitzen.

8. Wein, Brühe und Kräuter-Crème-fraîche dazugeben und einmal aufkochen lassen. Die Soße mit angerührter Speisestärke leicht binden, mit Salz, Pfeffer und Cayennepfeffer würzen.

9. Die Hähnchenbrustfilets auf der Zucchini-Rahmsoße mit dem Erbsenpüree dekorativ anrichten, mit Schnittlauch und gehackten Erbsen bestreuen und sofort servieren.

Zwiebelfleisch

ZUTATEN

600 g Kaninchenfleisch ohne Knochen
Salz, Pfeffer aus der Mühle
2 TL Paprikapulver rosenscharf
1 EL Kräuter der Provence
1 EL Butterschmalz
400 g Zwiebeln
200 ml Rotwein
500 ml Bratenfond
Speisestärke zum Binden
150 g Mischpilze (TK-Produkt)
150 g Tomaten
frisch gehackte Kräuter zum Bestreuen

Menge:
Für 4 Personen:

Schwierigkeit:
leicht

Zubereitungszeit:
15 Minuten

ZUBEREITUNG

1. Das Kaninchenfleisch unter fließendem Wasser waschen, trocken tupfen und in mundgerechte Würfel oder Streifen schneiden. Mit Salz, Pfeffer, Paprikapulver und Kräutern der Provence kräftig würzen.

2. Das Schmalz in einem Schmortopf erhitzen und das Fleisch darin unter ständigem Rühren anbraten. Die Zwiebeln schälen, halbieren, in Scheiben schneiden, zum Fleisch geben und kurz mitbraten.

3. Den Rotwein und den Bratenfond angießen und das Ganze in dem auf 180 °C vorgeheizten Backofen ca. 70 Minuten schmoren lassen.

4. Nach Ende der Garzeit das Kaninchenragout aus dem Ofen nehmen und mit etwas angerührter Speisestärke leicht binden. Die Mischpilze dazugeben und ca. fünf Minuten köcheln lassen.

5. Die Tomaten waschen, den Strunk herausschneiden, die Tomaten vierteln oder achteln, ins Ragout geben und mitgaren.

6. Das Kaninchenragout nachwürzen, dekorativ anrichten, mit gehackten Kräutern bestreuen, mit Kräuterzweigen garnieren und sofort servieren.

Brätknödelsuppe

(ohne Abbildung)

ZUTATEN

2 Karotten
1 Stück Sellerie
1 rote Paprikaschote
1 Zwiebel
1 Liter Gemüsebrühe
1 Lorbeerblatt
4 EL Honig
500 g gut gewürztes Kalbsbrät
1 Schuss süße Sahne
1 TL geriebene Zitronenschale
1 Ei
Salz, Pfeffer aus der Mühle
Muskat, Cayennepfeffer
Semmelbrösel zum Binden
1 Bund Schnittlauch
blanchierte Lauchstreifen zum Garnieren

ZUBEREITUNG

1. Karotten und Sellerie schälen, waschen, in feine Streifen schneiden.

2. Die Paprikaschote halbieren, entkernen, waschen, ebenfalls in Streifen schneiden, die Zwiebel schälen und in feine Ringe schneiden.

3. Die Gemüsebrühe mit dem Lorbeerblatt und 2 EL Honig in einem Topf erhitzen, die Gemüsestreifen in die Brühe geben und bissfest garen, herausnehmen, gut abtropfen lassen und bereitstellen.

4. Einige Karotten- und Selleriestreifen abnehmen und in feine Würfel schneiden. Diese mit dem Kalbsbrät, 2 EL Honig, der Sahne, der Zitronenschale und dem Ei in eine Schüssel geben und gut verrühren.

5. Die Masse mit Salz, Pfeffer, Muskat und Cayennepfeffer kräftig würzen und mit Semmelbröseln binden.

6. Die Brühe zum Kochen bringen, mit einem Esslöffel Klößchen abstechen, in die Brühe geben und 20 Minuten gar ziehen lassen. Das restliche Gemüse in die Brühe geben, nochmals erhitzen und abschmecken.

7. Die Suppe dekorativ anrichten, mit dem verlesenen, gewaschenen und fein geschnittenen Schnittlauch bestreuen, aus den Lauchstreifen Schleifchen binden, die Suppe damit dekorieren und sofort servieren.

Menge:
Für 4 Personen:

Schwierigkeit:
leicht

Zubereitungszeit:
30 Minuten

Schweinemedaillons mit Bohnenpäckchen

ZUTATEN

12 Schweinemedaillons à 60 g
einige Tropfen Sojasoße
einige Tropfen Chiliöl
Salz, Pfeffer aus der Mühle
12 dünne Scheiben Frühstücksspeck

Für die Bohnen:
500 g lange, grüne Bohnen
Salzwasser oder Gemüsebrühe zum Garen
etwa 100 g dünne Scheiben Frühstücksspeck (Bacon)

Für die Hollandaise:
4 Eigelb
125 ml Weißwein
Saft von ½ Zitrone
einige Tropfen Worcestersoße
1 Prise Zucker
200 g handwarme, flüssige Butter

Für das Kartoffelstroh:
600 g Kartoffeln
Fett zum Frittieren

Außerdem:
Butterschmalz und Butter zum Braten
200 g Kirschtomaten

ZUBEREITUNG

1. Die Medaillons waschen, trocken tupfen, mit Sojasoße und Chiliöl beträufeln, salzen, pfeffern und jedes Medaillon in eine Speckscheibe wickeln.

2. Mit Zahnstochern feststecken und im Kühlschrank kurz ziehen lassen. Die Bohnen putzen, waschen und im kochenden Salzwasser oder in Gemüsebrühe bissfest garen, abgießen und gut abtropfen lassen. Je 5–6 Bohnen in eine Speckscheibe wickeln.

3. Eigelbe mit Weißwein und Zitronensaft in eine feuerfeste Schüssel geben und gut verschlagen. Mit Worcestersoße, Zucker, Salz und Pfeffer würzen und im Wasserbad zu einem Schaum aufschlagen. Den Eischaum vom Herd nehmen, die handwarme, flüssige Butter tropfenweise unterrühren.

4. Für das Kartoffelstroh die Kartoffeln schälen, waschen und in hauchdünne Stifte schneiden oder raspeln. Fett in einem Topf erhitzen und das Kartoffelstroh darin frittieren.

5. Schmalz in einer Pfanne erhitzen und die Schweinemedaillons darin braten. Butter in einer weiteren Pfanne erhitzen und die Bohnenpäckchen ebenfalls braten.

6. Die Kirschtomaten waschen, den Strunk herausschneiden und die Tomaten halbieren. Butter erhitzen und die Tomaten darin kurz braten, leicht salzen und pfeffern.

7. Die Schweinemedaillons dekorativ anrichten, die Bohnenpäckchen dazulegen, mit Kartoffelstroh belegen und mit Sauce Hollandaise überziehen. Die gebratenen Kirschtomaten darauf anrichten, garnieren und sofort servieren.

Menge:
Für 4 Personen:

Schwierigkeit:
leicht

Zubereitungszeit:
30 Minuten

Bohnen:
Bohnen sollten niemals roh verzehrt werden. Die meisten Bohnen enthalten in rohem Zustand den Giftstoff Phasin, der Brechdurchfälle und im Extremfall tödlich verlaufende Darmentzündungen hervorrufen kann. Durch Kochen oder Dünsten wird das Gift jedoch zerstört. Bohnen sollten vor der Weiterverarbeitung grundsätzlich vorgekocht werden. Das Kochwasser darf auf keinen Fall mitverwendet werden.

Wirsingauflauf mit Putencurry

ZUTATEN

1 Kopf Wirsing (ca. 1 kg)
Salzwasser oder Gemüsebrühe zum Blanchieren
2–3 EL Butter oder Margarine zum Ausfetten

Für das Putencurry:
1–2 EL Butterschmalz
500 g Putenbrustfilet
1 Zwiebel, 2 Knoblauchzehen
1–2 EL Curry
100 g Softaprikosen
200 ml Weißwein
200 ml Aprikosensaft
200 ml Gemüse- oder Geflügelbrühe
200 ml süße Sahne
Salz, Pfeffer aus der Mühle
1 Prise Cayennepfeffer
Speisestärke zum Binden

Außerdem:
150 g geriebener Gouda
75 g geschälte Mandelkerne
Kräuterzweige zum Garnieren

Variation:
Statt Wirsing können Sie auch einen Spitz- oder Weißkohl verwenden.

Menge:
Für 4 Personen:

Schwierigkeit:
leicht

Zubereitungszeit:
75 Minuten

ZUBEREITUNG

1. Den Wirsing putzen, halbieren, den Strunk herausschneiden und den Wirsing in mundgerechte Stücke schneiden.

2. Salzwasser oder Gemüsebrühe in einem Topf zum Kochen bringen, den Wirsing darin blanchieren, herausnehmen, gut abtropfen lassen und in eine ausgefettete Auflaufform schichten.

3. Das Butterschmalz in einer Pfanne erhitzen. Das Putenbrustfilet unter fließendem Wasser waschen, trocken tupfen, in mundgerechte Würfel oder Streifen schneiden und im Butterschmalz unter ständigem Rühren braten.

4. Die Zwiebel und die Knoblauchzehen schälen, fein würfeln, zum Fleisch geben und kurz mitbraten.

5. Mit Curry bestäuben und kurz dünsten. Die Softaprikosen in Stücke schneiden, dazugeben und kurz mitschwitzen.

6. Das Putencurry mit Weißwein und Aprikosensaft ablöschen, die Brühe und die Sahne angießen und einmal aufkochen lassen.

7. Mit Salz, Pfeffer und Cayennepfeffer kräftig würzen und mit angerührter Speisestärke leicht binden.

8. Das Putencurry vom Herd nehmen, leicht abkühlen lassen, den geriebenen Gouda und die Mandeln untermischen und gleichmäßig auf dem Wirsing verteilen.

9. Den Wirsingauflauf mit Putencurry im auf 180–200 °C vorgeheizten Backofen 30–35 Minuten garen.

10. Nach Ende der Garzeit den Wirsingauflauf herausnehmen, dekorativ anrichten, mit Kräuterzweigen garnieren und sofort servieren.

Wildschweinkoteletts mit Champignonsoße

ZUTATEN

8 Wildschweinkoteletts à 100–120 g
je 1 TL gerebelter Majoran und Thymian
1–2 Knoblauchzehen
50 ml Olivenöl

Für die Soße:
1–2 EL Butter
2–3 Schalotten
400 g frische Champignons
Saft von 1 Zitrone
200 ml Weißwein
200 ml Gemüse- oder Wildbrühe
200 ml süße Sahne
Speisestärke zum Binden
Salz, Pfeffer aus der Mühle
je 1 Prise Muskat und Cayennepfeffer
100 g geriebener Gouda
2 EL Butterschmalz

Außerdem:
1–2 EL Butter
2–3 Tomaten
1 Bund Schnittlauch

Variation:
Sehr gut schmeckt zu den Wildschweinkoteletts auch eine Zitronen-Oliven-Soße.

Menge:
Für 4 Personen:

Schwierigkeit:
leicht

Zubereitungszeit:
30 Minuten ohne Wartezeit

ZUBEREITUNG

1. Die Wildschweinkoteletts waschen und trocken tupfen. Mit gerebeltem Majoran und Thymian bestreuen.

2. Die Knoblauchzehen schälen, in feine Würfel schneiden, mit dem Olivenöl verrühren, über die Wildschweinkoteletts geben und im Kühlschrank mindestens 1–2 Stunden marinieren.

3. Für die Soße die Butter in einer Pfanne erhitzen. Die Schalotten schälen, fein würfeln, ins Fett geben und glasig schwitzen.

4. Die Champignons putzen, in Scheiben schneiden, mit Zitronensaft beträufeln, zu den Schalotten geben und kurz mitbraten.

5. Den Weißwein, die Gemüse– oder Wildbrühe und die Sahne angießen. Zum Kochen bringen und 4–5 Minuten köcheln lassen.

6. Die Soße mit etwas angerührter Speisestärke leicht binden, mit Salz, Pfeffer, Muskat und Cayennepfeffer würzen, vom Herd nehmen, erkalten lassen und den geriebenen Gouda untermischen.

7. Schmalz erhitzen und die Koteletts darin anbraten. Eine feuerfeste Form ausfetten, die Champignons einfüllen, die Koteletts darauflegen, mit der restlichen Soße überziehen und in dem auf 180–200 °C vorgeheizten Backofen 12–15 Minuten garen.

8. Butter erhitzen. Tomaten waschen, den Strunk herausschneiden, halbieren, entkernen und würfeln. Die Tomatenwürfel in der Butter dünsten. Mit Salz, Pfeffer und Cayennepfeffer würzen.

9. Die Wildschweinkoteletts aus dem Ofen nehmen, mit den Tomaten überziehen, mit dem verlesenen, gewaschenen und fein geschnittenen Schnittlauch bestreuen, garnieren und servieren.

Zitronen-Oliven-Soße:
300 g Joghurt mit 50 ml süßer Sahne in eine Schüssel geben. Mit dem Saft von einer Zitrone, Salz und Pfeffer kräftig abschmecken. Zwei Knoblauchzehen schälen und hacken. Je 50 g schwarze und grüne Oliven entsteinen, klein schneiden und mit dem Knoblauch unter den Joghurt heben. Die Zitronen-Oliven-Soße bis zum Verzehr im Kühlschrank aufbewahren.

Kartoffelgemüse

ZUTATEN

800 g Kartoffeln
Salzwasser zum Garen
1 rote Paprikaschote
1 kleine Zucchini
1 Stange Lauch
2 Tomaten
1 TL Olivenöl
1 Zwiebel
1–2 Knoblauchzehen
100 ml Weißwein
Salz, Pfeffer aus der Mühle
Muskat, Cayennepfeffer
1 Prise Kümmelpulver
1 EL Kräuter der Provence
½ Bund Petersilie
100 g Schafskäse

Menge:
Für 4 Personen:

Schwierigkeit:
leicht

Zubereitungszeit:
45 Minuten

ZUBEREITUNG

1. Die Kartoffeln schälen, waschen, in Spalten schneiden und im Salzwasser in 15–18 Minuten bissfest garen, abgießen und gut abtropfen lassen.

2. Das Gemüse entsprechend putzen, waschen und in mundgerechte Stücke schneiden.

3. Das Olivenöl in einer beschichteten Pfanne erhitzen. Die Zwiebel und die Knoblauchzehen schälen, fein würfeln, ins Fett geben und glasig schwitzen.

4. Das Gemüse dazugeben und anbraten. Mit dem Weißwein ablöschen und das Gemüse bissfest garen.

5. Die Kartoffeln unterheben, mit Salz, Pfeffer, Muskat, Cayennepfeffer, Kümmel und Kräutern der Provence kräftig würzen und das Ganze kurz rösten.

6. Die verlesene, gewaschene und gehackte Petersilie untermischen.

7. Den Schafskäse in feine Würfel schneiden und unter das Kartoffelgemüse heben, dekorativ anrichten und sofort servieren.

Leberknödelsuppe

(ohne Abbildung)

ZUTATEN

250 g altbackene Brötchen
50 ml heiße Milch, 1 Ei
1 Zwiebel
1 TL Butter
½ Bund Petersilie
200 g durchgedrehte Rinderleber
Salz, Pfeffer aus der Mühle
1 Prise Muskat
1 Karotte
100 g Zuckererbsenschoten
1 kleine Stange Lauch
1 l Fleischbrühe
Schnittlauchröllchen zum Bestreuen

ZUBEREITUNG

1. Die Brötchen in Würfel schneiden, in eine Schüssel geben, mit der heißen Milch übergießen, kurz ziehen lassen. Das Ei dazugeben.

2. Die Zwiebel schälen, fein würfeln, in der Butter glasig schwitzen, mit der verlesenen, gewaschenen und fein geschnittenen Petersilie und der Leber zu den Brötchen geben.

3. Alles zu einem kompakten Teig verarbeiten. Mit Salz, Pfeffer und Muskat würzen. Falls der Teig zu weich ist, mit Semmelbröseln binden.

4. Die Karotte schälen, die Zuckererbsenschoten und den Lauch putzen, das Gemüse waschen und in feine Streifen schneiden.

5. Die Fleischbrühe mit dem Gemüse in einem Topf zum Kochen bringen, aus der Lebermasse mit nassen Händen Knödel abdrehen, diese in die Brühe legen und bei mäßiger Hitze in 15–20 Minuten gar ziehen lassen.

6. Die Suppe anrichten, mit den Schnittlauchröllchen bestreuen und servieren.

Menge:
Für 4 Personen:

Schwierigkeit:
leicht

Zubereitungszeit:
30 Minuten

Kürbis-Küchlein mit gebratenem Schafskäse

ZUTATEN

Für die Kürbis-Küchlein:
1 kg Kürbisfruchtfleisch
100 g Mehl, 3 Eier
Salz, Pfeffer aus der Mühle
Muskat, Cayennepfeffer
1 Bund Schnittlauch
Öl oder Butterschmalz zum Ausbacken

Außerdem:
5 EL Olivenöl
1 TL grüne Pfefferkörner
1–2 Knoblauchzehen
400 g Schafskäse (Feta-Käse)

Für das Tomatengemüse:
1–2 Zweige Rosmarin
250 g Kirschtomaten
200 ml Weißwein
1 Prise Zucker
Basilikum und Lorbeerblätter zum Garnieren

Kürbis:
Der Kürbis ist eher ein Stiefkind in unserer Küche, obwohl er ein erstklassiges Gemüse ist. Kürbis kann sehr vielseitig verwendet werden, er verfeinert Suppen und Eintöpfe, kann zu Marmelade verarbeitet werden und schmeckt auch süßsauer eingelegt hervorragend. Auch die Kerne schmecken lecker: Sie werden getrocknet und in einer Pfanne mit wenig Fett kurz geröstet.

Menge:
Für 4 Personen:

Schwierigkeit:
leicht

Zubereitungszeit:
30 Minuten

ZUBEREITUNG

1. Das Kürbisfruchtfleisch grob raspeln und in eine Schüssel geben.

2. Das Mehl und die Eier dazugeben und zu einer glatten Masse verrühren. Mit Salz, Pfeffer, Muskat und Cayennepfeffer kräftig abschmecken und den verlesenen, gewaschenen und fein geschnittenen Schnittlauch untermischen.

3. Öl oder Butterschmalz in einer Pfanne erhitzen. Portionsweise die Kürbismasse einfüllen, glatt drücken und die Kürbisküchlein auf beiden Seiten goldgelb ausbacken, herausnehmen und warm stellen.

4. Das Olivenöl in einer Pfanne erhitzen, die zerdrückten Pfefferkörner und den geschälten, fein gehackten Knoblauch darin kurz anschwitzen.

5. Den Schafskäse ins Gewürzöl geben und auf beiden Seiten anbraten, herausnehmen und warm stellen.

6. Für das Tomatengemüse die Rosmarinzweige verlesen, waschen, klein schneiden und ins Gewürzöl geben.

7. Die Kirschtomaten waschen, den Strunk herausschneiden, die Tomaten halbieren, ins Gewürzöl geben und durchschwenken.

8. Den Weißwein angießen und das Tomatengemüse einmal aufkochen lassen. Mit Salz, Pfeffer, Cayennepfeffer und Zucker abrunden.

9. Die Kürbisküchlein mit dem gebratenen Schafskäse und dem Tomatengemüse dekorativ anrichten, mit Basilikum und Lorbeerblättern garnieren und sofort servieren.

Möhren mit Geschnetzeltem in Sahnesoße

ZUTATEN

2 Bund Karotten
2 TL Butter
250 ml Gemüsebrühe
1 Prise Salz

Für das Geschnetzelte:
800 g Putenbrust
Pfeffer aus der Mühle
2–3 EL Sonnenblumenöl
1 Zwiebel
200 ml süße Sahne
200 ml Gemüsebrühe
1 Prise Muskat
Saft von ½ Zitrone
Speisestärke zum Binden
Dill und Petersilie
zum Garnieren

Menge:
Für 4 Personen:

Schwierigkeit:
leicht

Zubereitungszeit:
45 Minuten

ZUBEREITUNG

1. Die Karotten schälen, das Grüne abschneiden, mit der Butter, der Brühe und etwas Salz in einen Topf geben und weich dünsten.

2. Die Putenbrust unter fließendem Wasser waschen, trocken tupfen und in feine Streifen schneiden. Mit Salz und Pfeffer würzen.

3. Das Sonnenblumenöl in einer Pfanne erhitzen und das Fleisch darin anbraten. Die Zwiebel schälen, fein würfeln, zum Fleisch geben und mitbraten.

4. Das Fleisch aus der Pfanne nehmen und warm stellen. Die Sahne und die Brühe in die Pfanne gießen, einmal aufkochen lassen.

5. Die Soße mit etwas angerührter Speisestärke leicht binden. Mit Salz, Pfeffer und Zitronensaft kräftig abschmecken.

6. Das Putengeschnetzelte in die Soße geben und erhitzen. Anschließend anrichten, mit Dill und Petersilie garnieren und sofort servieren.

Wiener Tafelspitz

(ohne Abbildung)

ZUTATEN

150 g Bundmöhren
100 g Sellerie
150 g Lauch, ½ Zwiebel
4 l Wasser zum Garen
1 Lorbeerblatt
3–4 Wacholderbeeren
1 TL Pfefferkörner
1 kg Tafelspitz
Salz, Pfeffer aus der Mühle
1 Zwiebel, 1 Stange Lauch
1 EL Butterschmalz
300 ml Tafelspitzfond
200 ml süße Sahne
1 EL Speisestärke
100 g Sahnemeerrettich
½ Bund Petersilie

ZUBEREITUNG

1. Möhren und Sellerie schälen, waschen und in Stücke schneiden. Lauch putzen, waschen und die weißen Teile in Stücke schneiden.

2. Zwiebel schälen und die Schnittfläche in einer trockenen Pfanne kräftig bräunen. Wasser mit dem Gemüse zum Kochen bringen. Lorbeerblatt, Wacholderbeeren und Pfefferkörner dazugeben.

3. Den Tafelspitz unter fließendem Wasser waschen, trocken tupfen, in den Gemüsesud einlegen und im offenen Topf bei mittlerer Hitze etwa 1 ½ Stunden sieden lassen.

4. Nach 75 Minuten die Trübstoffe abschöpfen. Nach Ende der Garzeit das Fleisch aus dem Sud nehmen und warm stellen. Den Sud durch ein Sieb in einen zweiten Topf gießen.

5. Für die Soße Zwiebeln schälen und fein würfeln. Lauch putzen, waschen, der Länge nach halbieren und die weißen Teile fein schneiden.

6. Das Butterschmalz erhitzen, die Zwiebeln und den Lauch darin glasig schwitzen. Den Tafelspitzfond und die Sahne angießen und 2–3 Minuten kochen lassen.

7. Die Soße mit etwas angerührter Speisestärke leicht binden und mit dem Pürierstab pürieren. Kurz vor dem Servieren den Meerrettich einrühren.

8. Den Tafelspitz quer zur Faser in Scheiben schneiden und auf heißen Tellern dekorativ anrichten. Mit Soße überziehen und mit der verlesenen, gewaschenen und fein gehackten Petersilie bestreuen und mit Salzkartoffeln sofort servieren.

Menge:
Für 1 Person:

Schwierigkeit:
leicht

Zubereitungszeit:
90 Minuten

Putenrollbraten mit Frühlingszwiebelfüllung

ZUTATEN

1 kg Putenbrust
Salz, Pfeffer aus der Mühle
1 EL frisch geriebener Zitronenpfeffer

Für die Füllung:
1 Bund Frühlingszwiebeln
1–2 EL Butter
100 g Mascarpone
75 g geriebener Gouda
2 Eigelb
1–2 Knoblauchzehen
2–3 EL Semmelbrösel
1 EL geriebene Zitronenschale
1 Prise Cayennepfeffer

Für die Soße:
2–3 EL Butterschmalz
2–3 Schalotten
200 ml Weißwein
400 ml Gemüse- oder Geflügelbrühe
200 ml süße Sahne
Speisestärke zum Binden
50 g Walnusskerne
lila Basilikum zum Garnieren

Tipp:
Der Brokkoli stammt aus Asien und ist erst in den letzten Jahren in unsere Küchen gekommen. Er wird wie der Blumenkohl bissfest gegart und ist als „Allroundgemüse" in vielen Aufläufen und Eintöpfen, aber auch in Salaten und als Beilage einsetzbar.

Menge:
Für 4 Personen:

Schwierigkeit:
leicht

Zubereitungszeit:
75 Minuten

ZUBEREITUNG

1. Die küchenfertige Putenbrust unter fließendem Wasser waschen, trocken tupfen und zum Füllen vorbereiten. Mit Salz, Pfeffer und geriebenem Zitronenpfeffer würzen.

2. Die Frühlingszwiebeln putzen, waschen und klein schneiden. Die Butter in einer Pfanne erhitzen und die Frühlingszwiebeln darin kurz dünsten, vom Feuer nehmen und in eine Schüssel geben.

3. Den Mascarpone, den geriebenen Gouda, die Eigelbe, die geschälten, fein gehackten Knoblauchzehen, die Semmelbrösel und die Zitronenschale dazugeben und alles zu einer glatten Masse verarbeiten. Mit Salz, Pfeffer und Cayennepfeffer kräftig würzen.

4. Die Masse in die Putenbrust füllen, diese zusammenrollen und mit Küchenschnur binden.

5. Das Butterschmalz in einem Bräter erhitzen und den Putenrollbraten darin auf allen Seiten Farbe nehmen lassen.

6. Die Schalotten schälen, in Würfel schneiden, zum Fleisch geben und kurz mitbraten. Mit Weißwein ablöschen, mit der Gemüse- oder Geflügelbrühe auffüllen und in dem auf 180–200 °C vorgeheizten Backofen 45–50 Minuten garen.

7. Nach Ende der Garzeit den Putenrollbraten herausnehmen. Die Sahne in die Soße einrühren, kurz einreduzieren lassen und mit angerührter Speisestärke leicht binden.

8. Die gehackten Walnusskerne in die Soße geben, mit Salz, Pfeffer und Cayennepfeffer abrunden. Das Fleisch in Scheiben schneiden, mit der Soße dekorativ anrichten, mit lila Basilikum garnieren und mit Brokkoliröschen und gefüllten Gnocchi sofort servieren.

Kartoffeltopf mit Rindfleisch

ZUTATEN

600 g Rindfleisch aus der Schulter
1 Liter Gemüse- oder Fleischbrühe
1 gespickte Zwiebel (Lorbeer und Nelken)
300 g Kartoffeln, 2–3 Karotten
200 g weiße Rübchen
200 g Brokkoliröschen
1 Stück Bleichsellerie
1 Stange Lauch, 1 Zwiebel
einige Wachholderbeeren
1 EL Majoran, Salz
weißer Pfeffer aus der Mühle
1 Prise Muskat
150 g rote Linsen
1 Bund Petersilie
Kräuterzweige zum Garnieren

Menge:
Für 4 Personen:

Schwierigkeit:
leicht

Zubereitungszeit:
130 Minuten

ZUBEREITUNG

1. Das Rindfleisch waschen und in Würfel schneiden. Die Brühe mit der gespickten Zwiebel erhitzen und das Fleisch darin bei mäßiger Hitze 80–90 Minuten garen.

2. Das Gemüse putzen, in mundgerechte Stücke schneiden und bereitstellen. Die Zwiebel schälen und in Würfel schneiden.

3. Die Kartoffeln mit den Karotten, den Rübchen und den Zwiebeln zum Fleisch geben, die Wacholderbeeren und den Majoran dazugeben, mit Salz, Pfeffer und Muskat würzen und weitere 20 Minuten köcheln lassen.

4. Zum Schluss den Lauch, den Bleichsellerie, den Brokkoli und die gewaschenen Linsen dazugeben und bei mäßiger Hitze 15–20 Minuten garen. Nochmals abschmecken, dekorativ anrichten, mit der verlesenen, gewaschenen und fein gehackten Petersilie bestreuen, mit Kräuterzweigen garnieren und sofort servieren.

Braten mit Aprikosen

(ohne Abbildung)

ZUTATEN

1,2 kg Schweinebraten
100 g Soft-Aprikosen
Salz, Pfeffer aus der Mühle
1 EL Knoblauchgranulat
1–2 EL Butterschmalz
2 Zwiebeln
1 Karotte
1 Stück Sellerie
2–3 Knoblauchzehen
1–2 Rosmarinzweige
300 ml Weizenbier
300 ml Fleischbrühe
dunkler Soßenbinder
Rosmarinzweige zum Garnieren

ZUBEREITUNG

1. Den Schweinebraten unter fließendem Wasser waschen, trocken tupfen und zum Füllen vorbereiten.

2. Den Braten mit den Soft-Aprikosen füllen, mit Küchenschnur binden, mit Salz, Pfeffer und Knoblauchgranulat würzen.

3. Das Butterschmalz in einer Pfanne erhitzen und den Braten darin Farbe nehmen lassen. Die Zwiebel, die Karotte, den Sellerie und die Knoblauchzehen schälen, das Gemüse in Stücke schneiden, zum Fleisch geben und kurz mitbraten.

5. Die Rosmarinzweige zerpflücken und zum Fleisch geben. Bier und Brühe angießen und das Ganze im auf 180–200 °C vorgeheizten Backofen etwa 1 ½ Stunden garen.

6. Den fertigen Schweinebraten aus der Soße nehmen. Die Soße durch ein Sieb passieren, nochmals erhitzen und mit dunklem Soßenbinder leicht binden.

7. Den Schweinebraten mit Aprikosenfüllung in Scheiben schneiden, dekorativ anrichten, mit Rosmarinzweigen garnieren, mit Petersilienkartoffeln und Butterkaröttchen sofort servieren.

Menge:
Für 4 Personen:

Schwierigkeit:
leicht

Zubereitungszeit:
110 Minuten

Glasierter Schinkenbraten

ZUTATEN

1 kg Schopfbraten (roh geräucherter Schinkenbraten)
500 ml Weißwein
500 ml Gemüse- oder Fleischbrühe
2 Lorbeerblätter
einige Nelken
einige Pfefferkörner
1 Bund Suppengemüse

Zum Braten:
4 EL Honig
4 cl Weinbrand
2–3 EL Butter

Für die Soße:
3 Schalotten, 1–2 EL Butter
2 Orangen
Speisestärke zum Binden
Salz, Pfeffer aus der Mühle
1 Prise Cayennepfeffer

Außerdem:
frische Lorbeerblätter zum Garnieren

ZUBEREITUNG

1. Den Schopfbraten unter fließendem Wasser waschen und trocken tupfen. Den Weißwein und die Gemüse- oder Fleischbrühe in einen Topf geben und zum Kochen bringen.

2. Die Lorbeerblätter, die Nelken, die Pfefferkörner, das geputzte und klein geschnittene Suppengemüse in den Sud geben und einmal aufkochen lassen.

3. Den Schopfbraten in den Sud legen und bei mäßiger Hitze 1 ½ Stunden sieden lassen. Nach Ende der Garzeit den Schopfbraten herausnehmen und abtropfen lassen.

4. Den Honig mit dem Weinbrand und der Butter verrühren und den Schopfbraten damit bestreichen. In den auf 180–200 °C vorgeheizten Backofen schieben und 10 Minuten glasieren.

5. Die Schalotten schälen und fein würfeln. Die Butter in einer Pfanne erhitzen und die Schalotten darin anschwitzen.

6. 500 ml Kochsud abmessen, zu den Schalotten geben und einmal aufkochen lassen.

7. Die Orangen großzügig schälen und filieren, die Orangenfilets und den ausgepressten Orangensaft in die Soße rühren und einmal aufkochen lassen.

8. Die Soße mit etwas angerührter Speisestärke leicht binden, mit Salz, Pfeffer und Cayennepfeffer abschmecken.

9. Den glasierten Schopfbraten in Scheiben schneiden, dekorativ anrichten und mit der Soße überziehen. Mit frischen Lorbeerblättern garnieren, mit Bohnengemüse und Kroketten sofort servieren.

Tipp:
Getrocknete Gewürze müssen luftdicht und dunkel aufbewahrt werden, sonst ändert sich ihr Aroma. Getrocknete Gewürze sollten immer in den Gerichten mitgekocht werden, damit sie ihr Aroma voll entfalten können.

Menge: Für 4 Personen:

Schwierigkeit: leicht

Zubereitungszeit: 120 Minuten

Lorbeer:
Lorbeer ist ein Allround-Gewürz, das für alle Suppen, Soßen, Fisch-, Fleisch-, Geflügel-, Wild- und Gemüsegerichte verwendet werden kann. Für die Garnitur von Speisen ist Lorbeer eine dekorative Bereicherung. Ein weiteres Anwendungsgebiet für Lorbeerblätter sind die Öle und Essige, ein Lorbeeröl wird jeden italienischen Salat verfeinern. Hierfür müssen Sie die getrockneten Blätter ganz einfach mit Öl übergießen und einige Tage stehen lassen. So verfeinert, wird das Öl dann zum weiteren Verzehr bereitgestellt.

Putenbraten mit Käse-Kräuter-Kruste

ZUTATEN

1 kg Putenbrust
Salz, Pfeffer aus der Mühle
Butterschmalz zum Braten
Alufolie

Für die Kruste:
8 Scheiben trockenes Toastbrot
2 EL Crème fraîche
50 g gemischte Kräuter (Basilikum, Rosmarin, Estragon, Thymian)
50 g weiche Butter
75 g geriebener Bergkäse

Für die Zitronenkartoffeln:
800 g kleine Kartoffeln
200 g Schalotten
3–4 Knoblauchzehen
je 2 Zweige Thymian und Rosmarin
Saft von 2 Zitronen
100 ml Olivenöl
Thymian- und Rosmarinzweige zum Garnieren

ZUBEREITUNG

1. Die küchenfertige Putenbrust unter fließendem Wasser waschen, trocken tupfen, mit Salz und Pfeffer kräftig würzen.

2. Das Butterschmalz in einem Bräter erhitzen, das Fleisch darin rundherum Farbe nehmen lassen, herausnehmen, in Alufolie wickeln und im auf 180–200 °C vorgeheizten Backofen 40 Minuten garen.

3. Für die Kruste das Toastbrot entrinden, fein reiben, mit der Crème fraîche, den verlesenen, gewaschenen und fein gehackten Kräutern, der weichen Butter und dem geriebenen Bergkäse in einer Schüssel vermischen.

4. Die vorgegarte Putenbrust aus der Alufolie nehmen, leicht abkühlen lassen, mit der Kräutermasse bestreichen und unter dem Grill goldgelb überbacken.

5. Für die Zitronenkartoffeln die Kartoffeln schälen, je nach Bedarf klein schneiden. Die Schalotten und die Knoblauchzehen schälen und fein würfeln.

6. Den Thymian und den Rosmarin verlesen, waschen und klein schneiden. Die Kartoffeln, die Schalotten, die Knoblauchzehen, die Kräuter, den Zitronensaft und das Olivenöl in eine Pfanne geben und im auf 180–200 °C vorgeheizten Backofen 30–35 Minuten garen.

7. Nach Ende der Garzeit die Zitronenkartoffeln kräftig salzen und pfeffern. Mit dem in Scheiben geschnittenen Putenbraten dekorativ anrichten, mit Thymian- und Rosmarinzweigen garnieren und sofort servieren.

Menge:
Für 4 Personen:

Schwierigkeit:
leicht

Zubereitungszeit:
60 Minuten

Kartoffeln:
Eine Kartoffel besteht etwa zu 15–20 % aus Stärke. Die weichen, mehligkochenden Sorten sind stärkereicher als die festkochenden oder die vorwiegend festkochenden Sorten. Stärke gehört zu den verwertbaren Kohlenhydraten. Im Gegensatz zum Zucker wird die Stärke langsam abgebaut und dem Körper verfügbar gemacht. Stärke- und ballaststoffreiche Lebensmittel sind nicht nur für zuckerkranke Menschen sehr wertvoll, auch für gesunde sind sie ein unverzichtbarer Bestandteil der täglichen Ernährung.

Rotkohlrouladen mit Champignonfüllung

ZUTATEN

1 Kopf Rotkohl
Salzwasser zum Blanchieren
1 Zwiebel
150 g frische Champignons
einige Tropfen Zitronensaft
2 EL Butter
100 g Bauernbrot
1 Ei
150 g feine Leberwurst
Salz, Pfeffer aus der Mühle
1 Prise Cayennepfeffer
1 EL gerebelter Majoran
Butterschmalz zum Braten
1 Zwiebel
2 Äpfel
200 ml Rotwein
400 ml Gemüse- oder Fleischbrühe
2 Lorbeerblätter
einige Nelken
1 Zimtstange
dunkler Soßenbinder
Petersilienzweige zum Garnieren

Variation:
Statt der Rotkohlblätter können Sie auch sehr gut Weißkohl- oder Wirsingblätter verwenden.

Menge:
Für 4 Personen:

Schwierigkeit:
leicht

Zubereitungszeit:
90 Minuten

ZUBEREITUNG

1. Den Rotkohl putzen, den Strunk herausschneiden, die Blätter ablösen, Salzwasser in einem Topf zum Kochen bringen und die Rotkohlblätter darin blanchieren, herausnehmen, gut abtropfen lassen und je 2–3 Blätter auf einer Arbeitsfläche übereinanderlegen.

2. Die Zwiebel schälen, fein würfeln, die Champignons putzen, klein schneiden und mit Zitronensaft beträufeln. Butter erhitzen. Die Zwiebel- und Champignonwürfel dazugeben und kurz anschwitzen.

3. Die Champignon-Zwiebel-Mischung in eine Schüssel geben, das Bauernbrot fein würfeln, mit dem Ei und der Leberwurst dazugeben und alles gut miteinander verrühren.

4. Die Masse mit Salz, Pfeffer, Cayennepfeffer und Majoran kräftig würzen, auf die Rotkohlblätter verteilen, diese zusammenrollen oder mithilfe eines sauberen Küchentuches zu Rouladen abdrehen.

5. Das Butterschmalz in einem Bräter erhitzen. Die Rouladen einsetzen und auf allen Seiten leicht anbraten.

6. Die Zwiebel schälen und fein würfeln. Die Äpfel schälen, entkernen, klein schneiden, mit den Zwiebeln zu den Rouladen geben und mitbraten.

7. Rotwein und Brühe angießen, zum Kochen bringen. Lorbeerblätter, Nelken und Zimtstange dazugeben und das Ganze zugedeckt in dem auf 180 °C vorgeheizten Backofen 60 Minuten schmoren lassen.

8. Die fertigen Rouladen aus der Soße nehmen und warm stellen, die Apfelwürfel aus der Soße nehmen, die Soße durch ein Sieb passieren, mit den Äpfeln erneut erhitzen und mit dunklem Soßenbinder leicht binden.

9. Die Soße nochmals nachwürzen, mit den Rouladen dekorativ anrichten, mit Petersilienzweigen garnieren und mit Kartoffelknödeln sofort servieren.

Kohlrouladen mit Hackfleischfüllung

ZUTATEN

1 Kopf Weißkohl
Salzwasser zum Blanchieren
250 g gemischtes Hackfleisch
1 Ei, 200 g gekochter Reis
½ Bund Petersilie
1 Zwiebel
1 Knoblauchzehe
1 EL Butter
Salz, Pfeffer aus der Mühle
½ TL Kümmelpulver
1 Prise Cayennepfeffer
2 EL mittelscharfer Senf
Butterschmalz zum Braten
200 ml Weißwein
300 ml Gemüse- oder Fleischbrühe
1 Lorbeerblatt
einige Nelken
einige Wacholderbeeren
Petersilienzweige zum Garnieren

Variation:
Statt Weißkohlblätter können Sie auch sehr gut Wirsingblätter verwenden.

Menge:
Für 4 Personen:

Schwierigkeit:
leicht

Zubereitungszeit:
75 Minuten

ZUBEREITUNG

1. Den Weißkohl putzen, den Strunk herausschneiden, die Blätter ablösen, unter fließendem Wasser waschen, Salzwasser in einem Topf erhitzen und die Weißkohlblätter darin blanchieren.

2. Die Weißkohlblätter herausnehmen, gut abtropfen lassen und je 2–3 Blätter übereinander auf eine Arbeitsfläche legen.

3. Das Fleisch mit dem Ei in eine Schüssel geben und gut verrühren, den Reis und die verlesene, gewaschene und fein gehackte Petersilie dazugeben und unterrühren.

4. Die Zwiebel und die Knoblauchzehen schälen, fein würfeln, die Butter in einer Pfanne erhitzen und die Knoblauchzwiebeln darin anschwitzen, vom Herd nehmen, erkalten lassen und unter die Hackfleischmasse rühren.

5. Die Masse mit Salz, Pfeffer, Kümmel und Cayennepfeffer kräftig würzen und mit Senf verfeinern. Die Masse gleichmäßig auf die Weißkohlblätter verteilen und diese zusammenrollen oder mithilfe eines sauberen Küchentuches zu Rouladen abdrehen.

6. Das Butterschmalz in einem Bräter erhitzen, die Rouladen darin rundherum Farbe nehmen lassen, mit Weißwein ablöschen und mit der Gemüse- oder Fleischbrühe auffüllen.

7. Das Ganze zum Kochen bringen, das Lorbeerblatt, die Nelken und die Wacholderbeeren dazugeben und zugedeckt in dem auf 180 °C vorgeheizten Backofen 50 Minuten schmoren lassen.

8. Die fertigen Kohlrouladen aus der Soße nehmen und warm stellen, die Soße durch ein Sieb passieren, erneut erhitzen und nochmals nachwürzen. Die Kohlrouladen mit der Soße dekorativ anrichten, mit Petersilienzweigen garnieren und mit Kartoffelpüree servieren.

Überbackenes Marktgemüse mit Béchamel-Parmesan-Soße

ZUTATEN

1 Bund Frühlingszwiebeln
2 kleine Zucchini
1 Bund junge Karotten
Salzwasser zum Garen
½ Knolle junger Knoblauch
2 gelbe Paprikaschoten
4 Tomaten
3 EL Olivenöl
Salz, Pfeffer aus der Mühle
1 Prise Zucker
Saft von ½ Zitrone

Für die Soße:
1 EL Butter
1 gehäufter EL Mehl
250 ml Milch
1 Prise Muskat
100 g frisch geriebener Parmesankäse
Basilikum zum Garnieren

ZUBEREITUNG

1. Die Frühlingszwiebeln und die Zucchini putzen, die Karotten schälen, das Gemüse in mundgerechte Stücke schneiden und sortenweise im kochenden Salzwasser bissfest garen, herausnehmen und warm stellen.

2. Den Knoblauch schälen und in Spalten schneiden. Die Paprikaschoten halbieren, entkernen, waschen und in Stücke schneiden.

3. Die Tomaten halbieren, den Strunk herausschneiden, die Tomaten vierteln oder achteln.

4. Das Olivenöl in einer Pfanne erhitzen, Knoblauch, Paprika und Tomaten darin anschwitzen. Das restliche Gemüse dazugeben und durchschwenken. Mit Salz, Pfeffer, Zucker und Zitronensaft kräftig abschmecken.

5. Für die Soße die Butter in einem Topf schmelzen lassen, das Mehl mit dem Schneebesen einrühren, mit der Milch aufgießen und zu einer sämigen Soße verkochen. Mit Salz und Muskat abschmecken. Zum Schluss den Parmesankäse einrühren.

6. Das Gemüse in eine feuerfeste Form füllen, mit der Soße übergießen und das Ganze ca. fünf Minuten überbacken.

7. Das überbackene Marktgemüse aus dem Ofen nehmen, mit frisch geriebenem Parmesankäse bestreuen, mit Basilikum garnieren und mit Kartoffelplätzchen servieren.

Variation:
Statt Parmesan können Sie auch sehr gut einen anderen Hartkäse verwenden.

Menge:
Für 4 Personen:

Schwierigkeit:
leicht

Zubereitungszeit:
45 Minuten

Erbsengemüse „Hausmanns Art“

ZUTATEN

250 g gelbe Schälerbsen
1 Zwiebel
2 Knoblauchzehen
50 g Kräuterbutter
2 Zweige Thymian
1 Bund glatte Petersilie
Salz, Pfeffer aus der Mühle
1 Prise Cayennepfeffer
1 Prise Muskat
1 Prise Zucker

Außerdem:
8 kleine Schweinemedaillons à 100 g
8 dünne Scheiben Frühstücksspeck
Butterschmalz zum Braten
2 Schalotten
100 ml Rotwein
400 ml gebundene Bratensoße
50 g Edelpilzkäse
1 Kästchen Kresse

Tipp:
Beim Putzen frischer Chilischoten sollte man Haushaltshandschuhe tragen und die Schoten unter fließendem Wasser entkernen. Der Saft der Chilis ist sehr scharf, brennt auf der Haut und ist selbst nach mehrmaligem Waschen nur sehr schwer zu entfernen.

Menge:
Für 4 Personen:

Schwierigkeit:
leicht

Zubereitungszeit:
120 Minuten

ZUBEREITUNG

1. Die Schälerbsen waschen, in eine Schüssel geben, Wasser ohne Salz angießen und die Erbsen über Nacht einweichen. Die Erbsen mit dem Einweichwasser in einen Topf geben und zum Kochen bringen, die Erbsen bei mäßiger Hitze 90 Minuten garen, anschließend abgießen und gut abtropfen lassen.

2. Zwiebel und Knoblauch schälen und fein würfeln. Die Kräuterbutter in einem Topf erhitzen und die Zwiebel- und Knoblauchwürfel darin anschwitzen, den verlesenen, gewaschenen und klein geschnittenen Thymian dazugeben und untermischen.

3. Die Schälerbsen dazugeben und kurz mitschwitzen, die verlesene, gewaschene und fein gehackte Petersilie untermischen und das Erbsengemüse mit Salz, Pfeffer, Cayennepfeffer, Muskat und Zucker kräftig würzen.

4. Die Schweinemedaillons waschen, trocken tupfen, mit Salz und Pfeffer kräftig würzen und jedes Medaillon in eine Scheibe Frühstücksspeck – am besten mit Küchenschnur festbinden – wickeln.

5. Schmalz erhitzen und die Medaillons darin auf beiden Seiten anbraten. In den auf 180 °C vorgeheizten Backofen schieben und 15 Minuten garen. Die fertigen Schweinemedaillons aus dem Ofen und aus der Pfanne nehmen und warm stellen.

6. Die Schalotten schälen, fein würfeln, ins verbliebene Bratfett geben und glasig schwitzen. Mit Rotwein ablöschen, mit der gebundenen Bratensoße auffüllen, zum Kochen bringen und kurz einreduzieren lassen. Den klein geschnittenen Edelpilzkäse in der Soße auflösen lassen und die Soße mit Salz und Pfeffer abrunden.

7. Die Schweinemedaillons mit der Soße und dem Erbsengemüse dekorativ anrichten, mit der verlesenen, gewaschenen und klein geschnittenen Kresse bestreuen und sofort servieren.

Geschmorte Kalbshaxe mit Backkartoffeln

ZUTATEN

1 küchenfertige Kalbshaxe
Salz, Pfeffer aus der Mühle
2 Knoblauchzehen
1 EL Kümmel
1 EL gerebelter Majoran
1 EL geriebene Zitronenschale
Butterschmalz zum Braten
2 Zwiebeln
1 Bund Suppengemüse
1 l Gemüsebrühe
2 Lorbeerblätter

Für die Kartoffeln:
800 g Kartoffeln
1 TL Kümmel
200 g Schalotten
glatte Petersilie zum Garnieren

ZUBEREITUNG

1. Die küchenfertige Kalbshaxe unter fließendem Wasser waschen, trocken tupfen, mit Salz und Pfeffer kräftig würzen.

2. Die Knoblauchzehen schälen, fein hacken, mit dem Kümmel, dem Majoran und der Zitronenschale auf eine Arbeitsfläche geben und mit dem Wiegemesser fein wiegen.

3. Die Kalbshaxe mit der Gewürzmischung einreiben, das Butterschmalz in einem Bräter erhitzen, die Kalbshaxe einsetzen und rundherum Farbe nehmen lassen.

4. Die Zwiebeln schälen, klein schneiden, das Suppengemüse putzen, waschen, ebenfalls klein schneiden, mit den Zwiebeln zur Kalbshaxe geben und kurz mitbraten.

5. Die Gemüsebrühe angießen, die Lorbeerblätter dazugeben und die Kalbshaxe im auf 200 °C vorgeheizten Backofen 30 Minuten garen.

6. Den Bräter verschließen und die Kalbshaxe darin 90 Minuten schmoren lassen. Anschließend die Kalbshaxe aus der Soße nehmen und die Soße durch ein Sieb passieren.

7. Die Kartoffeln unter fließendem Wasser abbürsten, halbieren, in Fächer schneiden und auf ein tiefes Backblech setzen. Die Kartoffeln mit Salz, Pfeffer und Kümmel bestreuen.

8. Die Schalotten schälen, in Ringe schneiden, auf den Kartoffeln verteilen, die Kalbshaxe daraufsetzen, so viel Soße angießen, dass die Kartoffeln zu zwei Dritteln bedeckt sind und das Ganze im auf 200 °C vorgeheizten Backofen 30 Minuten garen.

9. Während der Garzeit mehrmals mit der Soße ablöschen. Anschließend die Kartoffeln mit der Kalbshaxe dekorativ anrichten, mit Petersilienzweigen garnieren, die restliche Soße angießen und sofort servieren.

Menge:
Für 4 Personen:

Schwierigkeit:
leicht

Zubereitungszeit:
150 Minuten

Knoblauch:
Als Gewürz sucht der Knoblauch seinesgleichen und ist aus der Küche der Welt nicht mehr wegzudenken, ob in Südamerika, in Asien oder in Europa, selbst in den entferntesten Gegenden der Welt wird der Knoblauch verwendet. Für unsere Küche sollten Sie die frischen Zehen zuerst schälen, dann hacken und mit etwas Salz zerreiben. Durch dieses Zerreiben mit Salz verflüchtigen sich einige ätherische Öle, die vor allem beim Verzehr, speziell danach, über die Haut wieder ausgeschieden werden. Diese ätherischen Öle sind auch der Grund, dass soviele Menschen den doch sehr gesunden und feinen Knoblauchgeschmack nicht wünschen.

PAPRIKA
ROT

Nudel-Hähnchen-Auflauf mit Gemüse

ZUTATEN

250 g Eiernudeln (Spirelli)
Salzwasser zum Garen
einige Tropfen Olivenöl

Außerdem:
500 g Hähnchenbrustfilet
Salz, Pfeffer aus der Mühle
1 Prise Cayennepfeffer
Butterschmalz zum Braten
1 Zwiebel
1 Bund Frühlingszwiebeln
je 1 gelbe und grüne Paprikaschote
1 EL gerebelte Kräuter der Provence
3 Tomaten
200 ml Gemüse- oder Geflügelbrühe
Butter zum Ausfetten
100 g geriebener Emmentaler

Menge:
Für 4 Personen:

Schwierigkeit:
mittel

Zubereitungszeit:
60 Minuten

ZUBEREITUNG

1. Die Eiernudeln im Salzwasser mit dem Olivenöl bissfest garen, abgießen, abschmecken, gut abtropfen lassen und bereitstellen.

2. Das küchenfertige Hähnchenbrustfilet unter fließendem Wasser waschen, trocken tupfen, in mundgerechte Würfel schneiden, mit Salz, Pfeffer und Cayennepfeffer würzen.

3. Butterschmalz in einer Pfanne erhitzen und die Hähnchenwürfel darin rundherum Farbe nehmen lassen. Die Zwiebel schälen, fein würfeln, zum Fleisch geben und kurz mitbraten.

4. Die Frühlingszwiebeln putzen, waschen, in mundgerechte Stücke schneiden, die Paprikaschoten halbieren, entkernen, waschen, in Streifen schneiden, mit den Frühlingszwiebeln zum Fleisch geben und ebenfalls kurz mitbraten.

5. Das Ganze mit Salz, Pfeffer, Cayennepfeffer und Kräutern der Provence kräftig würzen, die Tomaten waschen, vom Strunk befreien, in Spalten schneiden und mit den Nudeln unterheben.

6. Die Gemüse- oder Geflügelbrühe angießen, eine Auflaufform ausfetten, die Nudelmischung einfüllen, mit dem Emmentaler bestreuen und in dem auf 180–200 °C vorgeheizten Backofen 25–30 Minuten garen.

7. Den Nudel-Hähnchen-Auflauf mit Gemüse aus dem Backofen nehmen, dekorativ anrichten, garnieren und sofort servieren.

Salbei:

Auch der Salbei wird häufig in den Ansätzen für Beizen und Marinaden, für Kräuteröle und -essige verwendet. Als Würzung für Schweinefleisch, Lamm-, Hammel- und Wildfleisch sowie bei der Zubereitung von Füllungen für Gans und Ente ist der Salbei eine willkommene Abwechslung. Salbei wird ebenfalls in der Wurstküche, ähnlich dem Majoran, dem Thymian und dem Rosmarin, verwendet. Eine ganz besondere Würzung bekommt der Aal, der ja bekanntlich auch einen sehr hohen Fettanteil besitzt. Hier wird der Würzsud mit dem Würzkraut verfeinert. Salbei bietet aufgrund seines interessanten Aussehens auch eine sehr gute Garniturmöglichkeit, die wir uns dann wiederum zunutze machen bei Salaten, Vorspeisen und Kurzgebratenem.

Hackfleischauflauf mit Wirsing

ZUTATEN

500 g Rinderhack
1 Semmel
etwas Milch
2 Zwiebeln
2 Knoblauchzehen
½ Bund Petersilie, 1 Ei
Salz, Pfeffer aus der Mühle
1 TL Paprikapulver edelsüß

Außerdem:
Fett zum Ausfetten
500 g Kartoffeln
½ Kopf Wirsing (400 g)
Gemüsebrühe
1 Paprika gelb
100 g Kirschtomaten
1 Prise Muskat
100 g geriebener Emmentaler

Tipp:
Schneiden Sie Küchenkräuter nicht auf Holzbrettchen, denn sie saugen den Saft auf. Nehmen Sie Kunststoffbrettchen. Besitzen Sie ausschließlich Holzbrettchen, sollten Sie diese vor dem Schneiden der Küchenkräuter eine halbe Stunde in kaltem Wasser einweichen.

Menge:
Für 4 Personen:

Schwierigkeit:
mittel

Zubereitungszeit:
75 Minuten

ZUBEREITUNG

1. Die Kartoffeln unter fließendem Wasser abbürsten und im Salzwasser 18–20 Minuten garen.

2. Das Hackfleisch in eine Schüssel geben, die in Milch eingeweichte, ausgedrückte Semmel dazugeben.

3. Die Zwiebeln und die Knoblauchzehen schälen, fein würfeln und zu dem Rinderhack geben.

4. Die verlesene, gewaschene Petersilie und das Ei dazugeben. Mit Salz, Pfeffer und dem Paprikapulver kräftig abschmecken.

5. Eine Auflaufform ausfetten und das Hackfleisch in die Form drücken.

6. Die fertig gegarten Kartoffeln abgießen, leicht erkalten lassen, pellen, in Scheiben schneiden und auf dem Hackfleisch verteilen.

7. Den Wirsing putzen, den Strunk herausschneiden, die Blätter waschen und in Streifen schneiden.

8. Die Gemüsebrühe in einem Topf erhitzen und die Wirsingstreifen darin kurz blanchieren, herausnehmen, gut abtropfen lassen und bereitstellen.

9. Die Paprika halbieren, die Kerne entfernen, waschen und würfeln.

10. Die Kirschtomaten waschen, halbieren und mit den Paprikawürfeln zu dem Wirsing geben, vermischen und auf den Kartoffelscheiben verteilen.

11. Den Auflauf mit Salz, Pfeffer und Muskat würzen, mit dem Emmentaler bestreuen und in dem auf 180–200 °C vorgeheizten Backofen 35 Minuten abgedeckt garen, aufdecken und weitere 10 Minuten weitergaren.

12. Nach Ende der Garzeit den Hackfleischauflauf mit Wirsing herausnehmen, dekorativ anrichten und sofort servieren.

Kastanien-Weißkraut-Topf

ZUTATEN

200 g Esskastanien
1 kleiner Kopf Weißkraut
Salzwasser, 400 g Kartoffeln
200 g durchwachsener, geräucherter Speck
3 Paar Schweinsbratwürstchen
2 Zwiebeln
Butter zum Ausfetten
500 ml Gemüse- oder Fleischbrühe
Salz, Pfeffer aus der Mühle
1 Prise Muskat
1 TL Kümmel
1 Prise Cayennepfeffer
1 EL gerebelter Majoran
1 TL gerebelter Thymian
200 g Butterkäse in Scheiben
1 Bund Petersilie

Menge:
Für 4 Personen:

Schwierigkeit:
leicht

Zubereitungszeit:
75 Minuten

ZUBEREITUNG

1. Die Esskastanien waschen, über Kreuz einschneiden, auf ein Backblech legen und im auf 180–200 °C vorgeheizten Backofen 8–10 Minuten braten, herausnehmen und schälen.

2. Das Weißkraut putzen, die Blätter ablösen, den Strunk herausschneiden und die Weißkrautblätter in Salzwasser kurz blanchieren, herausnehmen und gut abtropfen lassen.

3. Die Kartoffeln schälen, in Würfel schneiden, den Speck würfeln. Die Schweinsbratwürstchen in mundgerechte Stücke schneiden. Die Zwiebeln schälen und fein hacken.

4. Eine Auflaufform mit Butter ausfetten, schichtweise die Esskastanien, das Weißkraut, die Kartoffeln, den Speck und die Würstchen sowie die Zwiebeln einschichten.

5. Die Gemüse- oder Fleischbrühe mit Salz, Pfeffer, Muskat, Kümmel, Cayennepfeffer, Majoran und Thymian kräftig abschmecken und gleichmäßig auf dem Weißkrauttopf verteilen.

6. In den auf 180–200 °C vorgeheizten Backofen schieben und etwa 30–40 Minuten garen. Nach Ende der Garzeit den Kastanien-Weißkraut-Topf mit den Käsescheiben belegen und goldgelb überbacken.

7. Den Kastanien-Weißkraut-Topf aus dem Ofen nehmen, dekorativ anrichten, mit der verlesenen, gewaschenen, fein geschnittenen Petersilie bestreuen, garnieren und sofort servieren.

Linsentopf mit Wienerle

(ohne Abbildung)

ZUTATEN

300 g Tellerlinsen
1 l Gemüsebrühe
1 Zwiebel
2–3 Karotten
1 Stück Sellerie
4 Kartoffeln
1 Stange Lauch
Salz, Pfeffer aus der Mühle
1 Prise Muskat
1 Prise Cayennepfeffer
1–2 EL mittelscharfer Senf
1 Prise Zucker
4 Paar Wiener Würstchen
1 Bund Petersilie

ZUBEREITUNG

1. Die Linsen unter fließendem Wasser waschen, in eine Schüssel geben, Wasser angießen und über Nacht einweichen.

2. Die Gemüsebrühe in einem Topf erhitzen, die Linsen abgießen, gut abtropfen lassen, in die Gemüsebrühe geben und bei mäßiger Hitze 30 Minuten garen.

3. Die Zwiebel schälen, in feine Würfel schneiden, die Karotten schälen, waschen und in Scheiben schneiden.

4. Den Sellerie schälen, putzen, waschen und in feine Würfel schneiden. Die Kartoffeln schälen, waschen und in Würfel schneiden. Den Lauch putzen, waschen und in Scheiben schneiden.

5. Das Gemüse zu den Linsen geben und bei mäßiger Hitze weitere 20 Minuten garen. Den Linsentopf mit Salz, Pfeffer, Muskat, Cayennepfeffer, Senf und Zucker kräftig abschmecken.

6. Die Wiener Würstchen in Scheiben schneiden, in den Linsentopf geben und weitere 10 Minuten garen.

7. Den Linsentopf mit Wienerle nochmals abschmecken, dekorativ anrichten, mit der verlesenen, gewaschenen und grob gehackten Petersilie bestreuen, garnieren und sofort servieren.

Menge:
Für 4 Personen:

Schwierigkeit:
leicht

Zubereitungszeit:
60 Minuten

Gemüsehähnchen

ZUTATEN

1 küchenfertiges Hähnchen (ohne Innereien)
Salzwasser zum Garen
2 Lorbeerblätter
1 TL Pfefferkörner
einige Wacholderbeeren
1 Prise Muskat
3–4 Karotten
1 Kohlrabi
1 kleiner Kopf Brokkoli
2 mittelgroße Zucchini
2–3 EL gemischte, gehackte Kräuter zum Bestreuen

Menge:
Für 4 Personen:

Schwierigkeit:
leicht

Zubereitungszeit:
60 Minuten

ZUBEREITUNG

1. Das Hähnchen waschen und abtrocknen. Salzwasser in einem Topf zum Kochen bringen. Die Lorbeerblätter, die Pfefferkörner und die Wacholderbeeren hineingeben, mit Muskat abschmecken.

2. Das Hähnchen einlegen und 20 Minuten leicht köcheln lassen, dabei den Schaum abschöpfen.

3. Die Karotten und den Kohlrabi schälen, in Stifte schneiden, zum Hähnchen geben und weitere 10 Minuten leicht köcheln lassen.

4. Den Brokkoli und die Zucchini putzen, den Brokkoli in Röschen, die Zucchini in Stücke schneiden, zum Hähnchen geben und 10 Minuten leicht köcheln lassen.

5. Das Hähnchen aus der Brühe nehmen, abtropfen lassen, mit dem gut abgetropften Gemüse auf einer Platte anrichten und mit den gehackten Kräutern bestreuen.

6. Die Brühe durch ein feines Sieb passieren, nochmals abschmecken und zum Hähnchen geben.

7. Das gekochte Gemüsehähnchen mit Baguette oder Weißbrot sofort servieren.

Kalbsnieren mit Senfsoße

(ohne Abbildung)

ZUTATEN

2 küchenfertige Kalbsnieren
1–2 EL Butterschmalz
Salz, Pfeffer aus der Mühle
1 EL Butter
1 Zwiebel
2 EL Rotweinessig
1 Glas Rotwein
1–1 ½ Becher süße Sahne
1–2 EL mittelscharfer Senf
1–2 Essiggurken

ZUBEREITUNG

1. Die Kalbsnieren längs halbieren, das innere Fett entfernen und die Nieren mindestens eine Stunde wässern. Anschließend herausnehmen und in Stücke schneiden.

2. Das Butterschmalz in einer Pfanne erhitzen, die Nieren darin braten, herausnehmen und mit Salz und Pfeffer würzen.

3. Die Butter ins verbliebene Bratfett geben und erhitzen. Die Zwiebel schälen, fein hacken und in der Butter glasig schwitzen.

4. Mit dem Rotweinessig und dem Rotwein ablöschen, die Sahne angießen und das Ganze kurz einreduzieren lassen.

5. Die Soße mit Senf verfeinern, mit Salz und Pfeffer würzen und die Nieren sowie die in dünne Streifen geschnittenen Essiggurken hineingeben.

6. Das Ganze nochmals erhitzen, aber nicht mehr kochen lassen.

7. Die Nieren mit der Soße anrichten, garnieren und sofort servieren.

Menge:
Für 4 Personen:

Schwierigkeit:
leicht

Zubereitungszeit:
15 Minuten

Dicke Bohnen mit Sahne

ZUTATEN

400 g dicke Bohnen
Salzwasser oder Gemüsebrühe zum Garen
2 Zwiebeln
2–3 Knoblauchzehen
2–3 EL Olivenöl
3 Karotten
300 ml Gemüsebrühe
2 Zucchini
200 ml süße Sahne
Speisestärke zum Binden
½ Bund Dill
Salz, Pfeffer aus der Mühle
1 Prise Cayennepfeffer
1 Prise Zucker

Außerdem:
100 g Frühstücksspeckscheiben
2 Zwiebeln
Dillzweige zum Garnieren

Tipp:

In der Küche ist das Kraut unentbehrlich. Es passt zu vielen Salaten, besonders zu Gurkensalat. Dillsoße gibt man zu Fischgerichten wie Aal, Hecht oder als Dip. In Essig eingelegte Gurken oder Mixed Pickles sind ohne Dill undenkbar. Aber auch zum Aromatisieren von Essig oder Öl benutzt man die frischen Blätter.

Menge:
Für 4 Personen:

Schwierigkeit:
leicht

Zubereitungszeit:
90 Minuten

ZUBEREITUNG

1. Die dicken Bohnen unter fließendem Wasser waschen, in eine Schüssel geben, Salzwasser angießen und über Nacht ausquellen lassen.

2. Die Bohnen abgießen, in kochendem Salzwasser oder Gemüsebrühe bissfest garen, herausnehmen und gut abtropfen lassen.

3. Die Zwiebeln und die Knoblauchzehen schälen und in feine Würfel schneiden.

4. Das Olivenöl in einem Topf erhitzen, Zwiebeln und Knoblauch darin glasig schwitzen.

5. Die Karotten schälen, in Scheiben schneiden, zu den Knoblauchzwiebeln geben und kurz mitschwitzen.

6. Die Gemüsebrühe angießen, die dicken Bohnen dazugeben und das Gemüse fertig garen.

7. Die Zucchini putzen, waschen, in Rauten schneiden, mit der Sahne zu den dicken Bohnen geben und bei mäßiger Hitze 6–8 Minuten köcheln lassen. Mit etwas angerührter Speisestärke leicht binden.

8. Den verlesenen, gewaschenen und klein geschnittenen Dill untermischen. Das Bohnengemüse mit Salz, Pfeffer, Cayennepfeffer und Zucker kräftig abschmecken.

9. Die Speckscheiben in eine Pfanne geben und kross braten. Die Zwiebeln schälen, in Scheiben schneiden, zum Speck geben und kurz mitbraten.

10. Die dicken Bohnen mit Sahne dekorativ anrichten, mit den Speckscheiben und den Zwiebeln belegen, mit Dillzweigen garnieren und sofort servieren.

Krustenbraten

(ohne Abbildung)

ZUTATEN

1 kg Schweinebraten mit Schwarte
Salz, Pfeffer aus der Mühle
2 Knoblauchzehen
1 EL Kümmel
1 EL Sonnenblumenöl
3–4 Zwiebeln, 2 Karotten
500 ml helles Bier
300 ml Fleischbrühe
4–6 EL Honig
Fleischbrühe nach Bedarf
dunkler Soßenbinder
Petersilie

Menge:
Für 4 Personen:

Schwierigkeit:
leicht

Zubereitungszeit:
90 Minuten

ZUBEREITUNG

1. Den Schweinebraten waschen, trocken tupfen, die Schwarte mit einem scharfen Messer karoförmig einschneiden, mit Salz und Pfeffer würzen.

2. Die Knoblauchzehen schälen und grob schneiden, mit dem Kümmel und dem Öl auf eine Arbeitsfläche geben und fein hacken.

3. Das Fleisch damit bestreichen und in einen Bräter setzen. Zwiebeln und Karotten schälen, würfeln und zum Fleisch geben. Das Ganze im auf 170 °C vorgeheizten Ofen 70–80 Minuten braten. Nach 30 Minuten Garzeit nach und nach mit Bier und Brühe ablöschen.

4. 10 Minuten vor Garende den Krustenbraten aus der Soße nehmen, mit 2–3 EL Honig bestreichen und fertig garen. Die Soße durch ein Sieb passieren und in einen Topf geben, wenn nötig mit Fleischbrühe auf 500 ml auffüllen, den restlichen Honig einrühren und einmal aufkochen lassen.

5. Die Soße mit Soßenbinder binden. Den Krustenbraten aus dem Ofen nehmen, dekorativ anrichten, mit Petersilie garnieren und mit Bratkartoffeln sofort servieren.

Zwiebelrostbraten

(ohne Abbildung)

ZUTATEN

4 dünne Rumpsteaks à 180 g
Pfeffer aus der Mühle
2 EL Mehl
Butterschmalz zum Braten
Salz
2–3 Gemüsezwiebeln
400 ml Bratensoße
1 Prise Cayennepfeffer
1 Prise Zucker
Kräuterzweige zum Garnieren

Menge:
Für 4 Personen:

Schwierigkeit:
leicht

Zubereitungszeit:
15 Minuten

ZUBEREITUNG

1. Die Rumpsteaks unter fließendem Wasser waschen, trocken tupfen und leicht klopfen. Mit Pfeffer kräftig würzen und die Steaks mehlieren.

2. Das Butterschmalz in einer Pfanne erhitzen und die Fleischstücke darin braten. Die Rumpsteaks salzen, herausnehmen und warm stellen.

3. Die Gemüsezwiebeln schälen, in feine Scheiben schneiden. Etwas Butterschmalz ins Bratfett geben und die Zwiebeln darin kräftig rösten.

4. Die Bratensoße angießen und das Ganze einmal aufkochen lassen. Die Zwiebeln mit Salz, Pfeffer, Cayennepfeffer und Zucker kräftig würzen.

5. Die Fleischscheiben dekorativ anrichten, mit der Zwiebelsoße überziehen, mit Kräuterzweigen garnieren und mit Bratkartoffeln sofort servieren.

Nelkenbraten

ZUBEREITUNG

1. Die gepöckelte Schweineschulter waschen, trocken tupfen und mit Salz und Pfeffer kräftig würzen. Kümmel, geschälte Knoblauchzehen, Zitronenschale und Thymian hacken und mit dem Messerrücken zerreiben. Das Öl unter die Gewürzpaste rühren, das Fleisch damit bestreichen.

2. Den Braten mit den Nelken spicken und in einen Bräter setzen. Die Zwiebel und die Karotten schälen, klein schneiden, zum Fleisch geben und das Ganze im auf 200 °C vorgeheizten Backofen ca. 75 Minuten braten.

3. Während der Garzeit mehrmals mit dunklem Bier ablöschen. Etwa 30 Minuten vor Garende das restliche Bier angießen und den Honig einrühren.

4. Nach Ende der Garzeit den Braten herausnehmen und warm stellen. Die Soße durch ein Sieb streichen und erneut erhitzen. Mit der angerührten Speisestärke binden.

5. Den Nelkenbraten in Scheiben schneiden, mit der Soße auf heißen Tellern dekorativ anrichten, mit Kartoffelknödeln und bayrischem Krautsalat sofort servieren.

ZUTATEN

1 kg Schweineschulter mit Schwarte, gepökelt
Salz, Pfeffer aus der Mühle
1 EL Kümmel
3 Knoblauchzehen
1 TL geriebene Zitronenschale
1 TL gerebelter Thymian
2 EL Olivenöl, 1 EL Nelken
1 Zwiebel, 2 Karotten
1 l dunkles Bier, 2 EL Honig
1 EL Speisestärke zum Binden

Menge:
Für 4 Personen:

Schwierigkeit:
leicht

Zubereitungszeit:
90 Minuten

Schweinerücken mit Backpflaumenfüllung

ZUTATEN

700 g Schweinerücken ohne Knochen
Salz, Pfeffer aus der Mühle
100 g Soft-Backpflaumen
100 g Pflaumenmus
2 EL gemahlene Mandeln
150 g roh geräucherter Frühstücksspeck
200 ml Weißwein
200 ml süße Sahne
dunkler Soßenbinder

Menge:
Für 4 Personen:

Schwierigkeit:
leicht

Zubereitungszeit:
50 Minuten

ZUBEREITUNG

1. Den Schweinerücken waschen, trocken tupfen und mit einem langen, dünnen Messer der Länge nach drei Löcher einstechen. Die Backpflaumen klein schneiden, mit dem Pflaumenmus und den Mandeln vermischen und die Masse in das Fleisch füllen.

2. Das Fleisch mit den Speckscheiben umwickeln, das Ganze in Alufolie geben und in dem auf 200 °C vorgeheizten Backofen 30 Minuten garen. Anschließend die Alufolie entfernen und den Braten weitere fünf Minuten bei 220 °C garen.

3. Nach Ende der Garzeit den Schweinerücken warm stellen. Den Bratenfond mit dem Weißwein und der Sahne in einem Topf zum Kochen bringen und einmal aufkochen lassen.

4. Mit Soßenbinder binden, mit Salz und Pfeffer abschmecken. Den Schweinerücken in Scheiben schneiden, mit der Soße auf heißen Tellern dekorativ anrichten, mit Kartoffelrösti und gedünstetem Brokkoli sofort servieren.

Feuriger Hackfleischtopf

(ohne Abbildung)

ZUTATEN

2–3 EL Schmalz
500 g Rinderhack
1 Zwiebel
2–3 Knoblauchzehen
1–2 Chilischoten
je 1 gelbe und rote Paprikaschote
2 EL Tomatenmark
1 Dose pürierte Tomaten
750 ml Gemüse- oder Fleischbrühe
Speisestärke zum Binden
Salz, Pfeffer aus der Mühle
1 EL Paprikapulver
1 EL Curry
1 Prise Nelkenpulver
1 TL gerebelter Thymian
400 g bissfest gegarte Spätzle
1 Bund Petersilie

ZUBEREITUNG

1. Das Butterschmalz in einem Topf erhitzen, das Rinderhack dazugeben und unter ständigem Rühren braten.

2. Die Zwiebel und die Knoblauchzehen schälen, fein würfeln, zum Fleisch geben und kurz mitbraten. Die Chilischoten halbieren, entkernen, waschen, klein schneiden, zum Fleisch geben und mitbraten.

3. Die Paprikaschoten halbieren, entkernen, waschen, in feine Würfel oder Streifen schneiden, zum Fleisch geben und mitbraten.

4. Das Tomatenmark einrühren, die pürierten Tomaten und die Gemüse- oder Fleischbrühe angießen und das Ganze bei mäßiger Hitze 15–20 Minuten köcheln lassen.

5. Anschließend den feurigen Hackfleischtopf mit etwas angerührter Speisestärke leicht binden, mit Salz, Pfeffer, Paprika, Curry, Nelkenpulver und Thymian abschmecken.

6. Die bissfest gegarten Spätzle unter den Eintopf mischen. Diesen nochmals erhitzen, nachwürzen, dekorativ anrichten, mit der verlesenen, gewaschenen und fein gehackten Petersilie bestreuen, mit Kräuterzweigen garnieren und sofort servieren.

Menge:
Für 4 Personen:

Schwierigkeit:
leicht

Zubereitungszeit:
45 Minuten

Zucchini-Möhren-Gemüse mit Kräuterrahm

ZUTATEN

500 g junge Möhrchen
500 g Minizucchini
1–2 EL Butter
1–2 Schalotten
100 ml Weißwein
300 ml Gemüsebrühe
200 ml süße Sahne
Salz, Pfeffer aus der Mühle
1 Prise Muskat
1 Prise Cayennepfeffer
Speisestärke zum Binden
50 g gemischte Kräuter (Schnittlauch, Petersilie, Kerbel, Basilikum)

Außerdem:
2–3 EL Butter
200 g Kirschtomaten

ZUBEREITUNG

1. Die Möhrchen schälen, waschen und gut abtropfen lassen. Die Zucchini putzen, waschen und je nach Größe halbieren oder vierteln.

2. Die Butter in einem Topf erhitzen. Die Schalotten schälen, fein würfeln, ins Fett geben und glasig schwitzen.

3. Die Möhrchen dazugeben und kurz mitschwitzen. Den Weißwein und die Gemüsebrühe angießen und die Möhrchen darin bei mäßiger Hitze 8–10 Minuten dünsten.

4. Die Zucchini untermischen und einmal aufkochen lassen. Die Sahne angießen und zum Kochen bringen.

5. Die Zucchini-Möhrchen mit Salz, Pfeffer, Muskat und Cayennepfeffer kräftig abschmecken und mit etwas angerührter Speisestärke leicht binden.

6. Zum Schluss die verlesenen, gewaschenen und fein geschnittenen Kräuter unterziehen.

7. Die Butter in einer Pfanne erhitzen, die Kirschtomaten waschen, den Strunk entfernen, die Tomaten ins Fett geben und kurz braten.

8. Die Zucchini-Möhrchen anrichten, mit den gebratenen Tomaten belegen und mit in Butter geschwenkten Salzkartoffeln sofort servieren.

Variation:
Sehr gut schmeckt auch noch zu unserem Zucchini-Möhren-Gemüse ein Paprika-Relish.

Paprika-Relish:
1,2 kg rote, grüne und gelbe Paprikaschoten halbieren, entkernen, waschen, gut abtropfen lassen und in Würfel schneiden. 2 EL Olivenöl erhitzen und die Paprikawürfel darin anschwitzen. 300 ml Gemüsebrühe und 100 ml Schalottenessig angießen und 150 g Zucker einrühren. Das Ganze mit Salz und Pfeffer kräftig würzen und bei kleiner Hitze 20–25 Minuten einkochen lassen. Das Paprika-Relish nachwürzen, erkalten lassen und über den Auflauf träufeln.

Menge:
Für 4 Personen:

Schwierigkeit:
leicht

Zubereitungszeit:
30 Minuten

Kartoffel-Sellerie-Püree

ZUTATEN

500 g mehlig kochende Kartoffeln
500 g Sellerie
Saft von 1 Zitrone
100 ml Milch
Salzwasser zum Garen
2 EL Butter
125 ml süße Sahne
Selleriesalz
Pfeffer aus der Mühle
1 Prise Muskat
1 Prise Cayennepfeffer

Außerdem:
2 Zwiebeln
1 EL Paprikapulver edelsüß
2–3 EL Butter
2–3 EL Olivenöl
½ Bund Petersilie
Kräuterzweige zum Garnieren

Gemüse zubereiten:
Wenn Sie viel Gemüse verzehren, sind Sie mit ausreichend Vitaminen und Mineralstoffen versorgt. Besonders in rohem Gemüse sind die Inhaltsstoffe reichlich enthalten. Durch das Kochen werden sie jedoch abgebaut, kochen Sie das Gemüse deshalb schonend und halten Sie es nicht über längere Zeit warm.

ZUBEREITUNG

1. Die Kartoffeln schälen und in Würfel schneiden, den Sellerie putzen, in Würfel schneiden und mit Zitronensaft beträufeln.

2. Die Milch in einen Topf geben, die Kartoffeln und den Sellerie dazugeben und soviel Salzwasser angießen, dass das Gemüse fast bedeckt ist.

3. Anschließend die Kartoffeln und den Sellerie 20 Minuten garen, abgießen und durch die Kartoffelpresse treiben.

4. Die Butter und die Sahne in einen Topf geben, erhitzen, mit Selleriesalz, Pfeffer, Muskat und Cayennepfeffer kräftig würzen und unter das Püree schlagen.

5. Die Zwiebeln schälen und in feine Scheiben schneiden, mit dem Paprikapulver bestäuben, die Butter und das Olivenöl in einer Pfanne erhitzen und die Zwiebelscheiben darin braten.

6. Das Kartoffel-Sellerie-Püree in einen Spritzbeutel füllen, auf heiße Teller dressieren, mit Röstzwiebeln belegen, mit der verlesenen, gewaschenen und fein gehackten Petersilie bestreuen, mit Kräuterzweigen garnieren und sofort servieren.

7. Das Kartoffel-Sellerie-Püree passt sehr gut zu allen Fleisch- und Fischgerichten, die mit einer kräftigen Soße serviert werden.

Menge:
Für 4 Personen:

Schwierigkeit:
leicht

Zubereitungszeit:
60 Minuten

Pfeffer:
Der Pfeffer ist neben den vielen Gewürzen eigentlich das gebräuchlichste, das in unserer Küche verarbeitet wird. Je nach Schärfegrad und Art des verwendeten Pfeffers kann er in alle Gerichte von süß bis salzig aufgenommen werden. Pfeffer dient in erster Linie zum Abrunden; grundsätzlich sollten Sie den schwarzen Pfeffer eher für kräftigere Soßen, den weißen dagegen für feinere verwenden. Grüne Pfefferkörner werden zum Marinieren und Einreiben wie auch als Basisgewürz für Soßen und Suppen eingesetzt.

Rote-Bete-Gemüse mit Zwiebeln

ZUTATEN

2 Knoblauchzehen
2 Zwiebeln
4 EL Butter
1 gehäufter TL Kreuzkümmel
2 TL Kurkuma
1 TL Cayennepfeffer
5 Tomaten
250 ml Gemüsebrühe
600 g Rote Bete
Speisestärke zum Binden
Salz, Pfeffer aus der Mühle
1 Prise Muskat
1 Prise Zucker
Lorbeerblätter zum Garnieren

Menge:
Für 4 Personen:

Schwierigkeit:
leicht

Zubereitungszeit:
40 Minuten

ZUBEREITUNG

1. Die Knoblauchzehen und die Zwiebeln schälen und in Würfel schneiden. Die Butter in einem Topf erhitzen, Knoblauch und Zwiebeln darin glasig schwitzen.

2. Kreuzkümmel, Kurkuma und Cayennepfeffer darüberstreuen.

3. Tomaten enthäuten, entkernen, würfeln, zu den Knoblauchzwiebeln geben und kurz mitschwitzen.

4. Die Gemüsebrühe angießen und zum Kochen bringen. Die geschälten Rote Bete roh in feine Spalten schneiden, in die Tomatensoße geben und bissfest garen.

5. Das Rote-Bete-Gemüse mit etwas angerührter Speisestärke leicht binden, mit Salz, Pfeffer, Muskat und Zucker abschmecken.

6. Das Rote-Bete-Gemüse dekorativ anrichten, mit Lorbeerblättern garnieren und servieren. Sehr gut passt das Rote-Bete-Gemüse zu Rindsvögerln, gefüllt mit Ei und Meerrettich-Frischkäse.

Gemischter Bohnentopf

(ohne Abbildung)

ZUTATEN

500 g Rindfleisch zum Kochen
Salz, Pfeffer aus der Mühle
2 EL Butterschmalz
1 l Salzwasser
2 Zwiebeln
1 Gewürzbeutel (Lorbeerblätter, Pfefferkörner, Wacholderbeeren, Nelken)
2 Karotten
300 g Sellerie
500 g Schnippelbohnen
1 Prise Cayennepfeffer
½ Bund frisches Bohnenkraut
geschmorte Birnenspalten und Petersilie zum Garnieren

ZUBEREITUNG

1. Das Rindfleisch waschen, trocken tupfen, salzen, pfeffern und würfeln. Das Schmalz erhitzen und das Fleisch darin anbraten. Das Salzwasser angießen.

2. Die klein geschnittenen Zwiebeln und den Gewürzbeutel einlegen und das Fleisch bei mäßiger Hitze in 90 Minuten garen.

3. Die Brühe durch ein Sieb oder ein Küchentuch passieren, mit dem Fleisch in einen Topf geben und erneut zum Kochen bringen.

4. Die geschälten und in Würfel geschnittenen Karotten mit dem geputzten, gewürfelten Sellerie und den geputzten und in Stücke geschnittenen Schnippelbohnen in die Brühe geben und bissfest garen.

5. Das Ganze mit Salz, Pfeffer, Cayennepfeffer und dem frischen Bohnenkraut würzen.

6. Nach Ende der Garzeit den Bohnentopf dekorativ anrichten, mit geschmorten Birnenspalten und Petersilienzweigen garnieren und sofort servieren.

Menge:
Für 4 Personen:

Schwierigkeit:
leicht

Zubereitungszeit:
120 Minuten

Dicke Bohnen mit Tomaten

ZUTATEN

500 g dicke Bohnen
Salzwasser oder Gemüsebrühe
2 Spitzpaprikaschoten
2–3 Chilischoten
1 Zwiebel, 2 Knoblauchzehen
3–4 EL Olivenöl
500 ml Gemüsebrühe
1 Dose Kidneybohnen
400 g bissfest gegarter Reis
500 g Baumtomaten
Salz, Pfeffer aus der Mühle
1 Prise Zucker
gebratene Chilischoten und Petersilie zum Garnieren

Menge:
Für 4 Personen:

Schwierigkeit:
leicht

Zubereitungszeit:
90 Minuten

ZUBEREITUNG

1. Die Bohnen in eine Schüssel geben, Salzwasser angießen und über Nacht ausquellen lassen. Das Wasser abgießen. Salzwasser oder Gemüsebrühe erhitzen, die Bohnen darin bissfest garen, herausnehmen und gut abtropfen lassen.

2. Die Spitzpaprikaschoten und die Chilischoten halbieren, entkernen, waschen und klein schneiden. Die Zwiebel und die Knoblauchzehen schälen und in Würfel schneiden.

3. Olivenöl erhitzen. Knoblauch und Zwiebeln dazugeben und glasig schwitzen. Spitzpaprika und Chilischoten kurz mitschwitzen.

4. Brühe angießen, zum Kochen bringen. Die dicken Bohnen dazugeben und das Gemüse fertig garen.

5. Die abgetropften Kidneybohnen und den Reis untermischen. Die Tomaten waschen, den Strunk herausschneiden, die Tomaten halbieren oder vierteln, dazugeben und einmal kräftig aufkochen lassen.

6. Die Bohnen mit Tomaten und Reis mit Salz, Pfeffer und Zucker abschmecken, dekorativ anrichten, mit gebratenen Chilischoten und Petersilie garnieren und sofort servieren.

Gefüllte Tomaten

(ohne Abbildung)

ZUTATEN

8 große Tomaten
Salz, 1 Zwiebel
2 Knoblauchzehen
1 TL Butter
500 g Rinderhackfleisch
1 EL Tomatenmark
30 g geriebener Parmesankäse
½ Bund Petersilie
Pfeffer aus der Mühle
1 Prise Cayennepfeffer
200 ml Gemüse- oder Fleischbrühe
gebratene Zwiebelringe und Rucola zum Garnieren

ZUBEREITUNG

1. Die Tomaten waschen, einen Deckel abschneiden, das Kerngehäuse mit einem Löffel herausschaben und die Tomaten innen leicht salzen.

2. Zwiebel und Knoblauch schälen und fein würfeln. Die Butter in einer beschichteten Pfanne erhitzen, die Zwiebel- und Knoblauchwürfel darin glasig anschwitzen. Das Rinderhackfleisch in eine Schüssel geben. Die Knoblauchzwiebeln hinzufügen.

3. Das Tomatenmark, den Parmesankäse, die verlesene, gewaschene und gehackte Petersilie dazugeben. Mit Salz, Pfeffer und Cayennepfeffer kräftig würzen und alles zu einer glatten Masse verarbeiten.

4. Die Hackfleischmasse in die Tomaten füllen. Die Tomaten in eine Auflaufform setzen.

5. Die Gemüse- oder Fleischbrühe angießen. Die gefüllten Tomaten in dem auf 180 °C vorgeheizten Backofen etwa 25 Minuten backen.

7. Nach Ende der Garzeit die gefüllten Tomaten aus dem Ofen nehmen, dekorativ anrichten, mit gebratenen Zwiebelringen und Rucola garnieren und mit Zuckerschoten und Baguette sofort servieren.

Menge:
Für 4 Personen:

Schwierigkeit:
leicht

Zubereitungszeit:
60 Minuten

Zimtrotkraut mit Schmoräpfeln

ZUTATEN

1 kg Rotkohl
50 ml Weinessig
1 EL Salz
1–2 EL Schweine- oder Gänseschmalz
1 Zwiebel
2 Zimtstangen
einige Pfefferkörner
einige Wacholderbeeren
250 ml Weißwein
250 ml Apfelsaft
Salz, Pfeffer aus der Mühle
1 Prise Muskat
1 Prise Cayennepfeffer
4 EL Preiselbeermarmelade
4 süßsäuerliche Äpfel

Außerdem:
Kräuterzweige zum Garnieren

ZUBEREITUNG

1. Den Rotkohl putzen, vierteln, den Strunk herausschneiden, den Rotkohl in feine Streifen schneiden und in eine Schüssel geben.

2. Mit Weinessig beträufeln, mit Salz bestreuen und mit den Händen solange kneten, bis der Rotkohl geschmeidig ist.

3. Das Schweine- oder Gänseschmalz in einem Topf erhitzen. Die Zwiebel schälen, fein würfeln, ins Fett geben und glasig schwitzen.

4. Den Rotkohl dazugeben und mitschwitzen. Die Zimtstangen, die Pfefferkörner und die Wacholderbeeren untermischen.

5. Mit Weißwein ablöschen und mit Apfelsaft auffüllen. Mit Salz, Pfeffer, Muskat und Cayennepfeffer abschmecken.

6. Die Preiselbeermarmelade untermischen. Die Äpfel waschen, in den Rotkohl stellen und das Ganze im auf 160–180 °C vorgeheizten Backofen 30–35 Minuten schmoren lassen.

7. Nach Ende der Garzeit das Zimtrotkraut nachwürzen, mit den Schmoräpfeln dekorativ anrichten, mit Kräuterzweigen garnieren, dekorativ anrichten und zu knusprig gebratenen Schweinshaxen und Semmelknödeln servieren.

Tipp:
Ein besonders feines Aroma erhalten die Äpfel, wenn sie mit Gewürzen verfeinert werden. Zimt, Nelken, Kardamom, Ingwer, Vanille oder Anis verleihen dem Apfelkuchen das gewisse Etwas. Zum Beträufeln kann Zitronensaft mit Rum oder anderen hochprozentigen Spirituosen vermischt werden. Sehr gut passen Nüsse, Mandeln oder Kokosflocken dazu. Mohn, Rosinen, Schokolade oder Marzipan verleihen dem Apfelkuchen ein ganz besonderes Aroma.

Menge:
Für 4 Personen:

Schwierigkeit:
leicht

Zubereitungszeit:
60 Minuten

Apfelrisotto mit Ziegenkäse

ZUTATEN

Für das Risotto:
400 g Risottoreis
3–4 Schalotten
2–3 Knoblauchzehen
1–2 EL Butterschmalz
500 ml herber Cidre
700 ml Gemüsebrühe
1–2 Rosmarinzweige
Salz, Pfeffer aus der Mühle
1 Prise Muskat
1 Prise Cayennepfeffer

Außerdem:
2 rotschalige Äpfel
1–2 EL Butter
250 g Ziegencamembert
Rosmarin und Petersilie zum Garnieren

Menge:
Für 4 Personen:

Schwierigkeit:
leicht

Zubereitungszeit:
30 Minuten

ZUBEREITUNG

1. Den Risottoreis unter fließendem Wasser waschen, gut abtropfen lassen und bereitstellen.

2. Die Schalotten und die Knoblauchzehen schälen, fein würfeln, das Butterschmalz in einem Topf erhitzen, Schalotten und Knoblauch darin glasig schwitzen.

3. Den Reis dazugeben und kurz mitschwitzen. Den Cidre angießen, das Ganze zum Kochen bringen, unter ständigem Rühren und mehrmaliger Beigabe der Gemüsebrühe den Risottoreis in etwa 20 Minuten garen.

4. Nach etwa der Hälfte der Garzeit den Rosmarin dazugeben und weitergaren.

5. Anschließend die Rosmarinzweige herausnehmen, mit Salz, Pfeffer, Muskat und Cayennepfeffer kräftig würzen.

6. Die Äpfel waschen und das Kerngehäuse mit einem Kernausstecher entfernen. Die Äpfel in feine Spalten schneiden.

7. Die Butter in einer Pfanne erhitzen und die Apfelspalten darin braten.

8. Den Ziegencamembert in feine Scheiben schneiden, mit den gebratenen Äpfeln unter das gegarte Risotto ziehen, nachwürzen, dekorativ anrichten, mit Rosmarin und Petersilie garnieren und sofort servieren.

Petersilie:
Die Petersilie ist Grundprodukt für viele Rezepte, ob in der südländischen oder nordischen Küche. Petersilie ist eines der wenigen Kräuter, bei denen auch der Stängel verarbeitet werden kann. Die Stängel werden meistens in Brühen, Soßen und für Grundsoßenansätze verwendet. Die gehackten Blätter dagegen kommen in Salaten, Suppen, Fleischfüllungen, Eintöpfen, hellen Soßen, braunen Soßen, Tunken, Marinaden, Eierspeisen und für viele Gemüse- und Kartoffelrezepte zur Anwendung.

Brot-Käse-Auflauf

ZUTATEN

1 Kastenweißbrot (500 g)
5–6 Tomaten
Fett zum Ausfetten
4 Eier, 300 ml süße Sahne
Salz, Pfeffer aus der Mühle
Muskat, Cayennepfeffer
200 g Raclettekäse
100 g Appenzeller Käse
½ Bund Petersilie
einige Zweige Thymian
2 Zwiebeln
30 g gemischte, frische Kräuter (Petersilie, Thymian, Estragon)

Menge:
Für 4 Personen:

Schwierigkeit:
leicht

Zubereitungszeit:
60 Minuten

ZUBEREITUNG

1. Das Kastenweißbrot in Scheiben schneiden. Die Tomaten waschen, den Strunk herausschneiden und in Scheiben schneiden. Eine Auflaufform ausfetten, schichtweise Tomaten- und Weißbrotscheiben einlegen.

2. Die Eier mit der Sahne in eine Schüssel geben und verschlagen.

3. Mit Salz, Pfeffer, Muskat und Cayennepfeffer kräftig würzen.

4. Den Raclettekäse und den Appenzeller grob raspeln, die verlesenen, gewaschenen und fein gehackten Kräuter untermischen. Die Käsemischung über den Tomaten- und Brotscheiben verteilen.

5. Die Zwiebeln schälen, in feine Scheiben schneiden und gleichmäßig darübergeben.

6. Den Brot-Käse-Auflauf im auf 180 °C vorgeheizten Backofen in 30–35 Minuten garen.

7. Nach Ende der Garzeit den Brot-Käse-Auflauf herausnehmen, dekorativ anrichten, mit den verlesenen, gewaschenen und fein gehackten Kräutern bestreuen, garnieren und sofort servieren.

Ratatouille

(ohne Abbildung)

ZUTATEN

3–4 EL Olivenöl
1 Zwiebel
3–4 Knoblauchzehen
1 rote Paprikaschote
1 Aubergine
1 Zucchini
2–3 Tomaten
2–3 EL Tomatenmark
100 ml Rotwein
400 ml passierte Tomaten
Salz, Pfeffer, Cayennepfeffer
je 1 TL gerebelter Oregano und Basilikum
1 Bund Basilikum
frisch geriebener Parmesankäse

ZUBEREITUNG

1. Das Olivenöl in einer Pfanne erhitzen. Die Zwiebel und die Knoblauchzehen schälen, fein würfeln, ins Fett geben und glasig schwitzen.

2. Die Paprikaschote putzen, halbieren, entkernen, waschen und in mundgerechte Würfel schneiden.

3. Die Aubergine putzen, waschen, in Würfel schneiden, beides zu den Knoblauchzwiebeln geben und kurz mitbraten.

4. Die Zucchini putzen, waschen und würfeln. Mit den enthäuteten, entkernten und in Würfel geschnittenen Tomaten zum Gemüse geben und 6–8 Minuten dünsten.

5. Das Tomatenmark einrühren, den Rotwein und die passierten Tomaten angießen, mit Salz, Pfeffer, Cayennepfeffer, Oregano und Basilikum kräftig abschmecken und das Gemüse bei mäßiger Hitze bissfest garen.

6. Das Ratatouille dekorativ anrichten, mit Basilikumblättchen belegen, mit frisch geriebenem Parmesankäse bestreuen, garnieren und mit Baguette sofort servieren.

Menge:
Für 4 Personen:

Schwierigkeit:
leicht

Zubereitungszeit:
30 Minuten

Paprika-Rindfleischtopf

ZUTATEN

500 g Rinderfilet
500 g rote, gelbe und grüne Paprikaschoten
2 Zwiebeln
3–4 Knoblauchzehen
1 Stück Ingwer
1–2 rote Chilischoten
4–5 EL Erdnussöl
Salz, Pfeffer aus der Mühle
1 Prise Cayennepfeffer
1 Prise Zucker
100 ml Sojasoße
2 EL dunkles Sesamöl

Außerdem:
Kräuterzweige zum Garnieren

ZUBEREITUNG

1. Das Rinderfilet unter fließendem Wasser waschen, trocken tupfen und in Streifen schneiden.

2. Die Paprikaschoten halbieren, entkernen, waschen, gut abtropfen lassen und in Streifen schneiden.

3. Die Zwiebeln schälen und in Scheiben schneiden. Die Knoblauchzehen schälen und fein würfeln.

4. Den Ingwer schälen und fein reiben. Die Chilischoten halbieren, entkernen, waschen, gut abtropfen lassen und in Scheiben schneiden.

5. Das Erdnussöl in einem Topf erhitzen. Das Rinderfilet dazugeben und unter ständigem Rühren braten, herausnehmen und warm stellen.

6. Das Gemüse dazugeben und unter ständigem Rühren braten, anschließend mit Salz, Pfeffer, Cayennepfeffer und Zucker kräftig würzen. Die Sojasoße angießen und alles bei mäßiger Hitze 8–10 Minuten dünsten.

7. Nach Ende der Garzeit das Sesamöl einrühren und das Rinderfilet untermischen, nachwürzen, erhitzen, aber nicht mehr kochen lassen.

8. Den Paprika-Rindfleischtopf dekorativ anrichten, mit Kräuterzweigen garnieren und sofort servieren.

Tipp:
Beim Putzen frischer Chilischoten sollte man Haushaltshandschuhe tragen und die Schoten unter fließendem Wasser entkernen. Der Saft der Chilis ist sehr scharf, brennt auf der Haut und ist selbst nach mehrmaligem Waschen nur schwer zu entfernen.

Menge:
Für 4 Personen:

Schwierigkeit:
leicht

Zubereitungszeit:
30 Minuten

Zwiebelkuchen mit Speck

ZUTATEN

Für den Teig:
200 g Mehl, 100 g Butter
1 Eigelb, 1 TL Salz
2–3 EL lauwarmes Wasser

Außerdem:
250 g durchwachsener, geräucherter Speck
4 Zwiebeln
250 g geriebener Butterkäse
4 Eier, 250 ml süße Sahne
1 EL gemahlener Kümmel
Salz, Pfeffer aus der Mühle
Muskat, Cayennepfeffer
1 Tasse gemischte Kräuter
Kräuterzweige zum Garnieren

Tipp:
Käse bleibt länger frisch und schimmelt nicht so schnell, wenn ein Stückchen Würfelzucker unter die Käseglocke gelegt wird. Das saugt die Feuchtigkeit auf. Oder geben Sie Käse in eine luftdicht verschließbare Kunststoffschachtel, die mit Butterbrotpapier ausgelegt ist, und verwahren Sie diese im Kühlschrank. Das verhindert das Austrocknen und den Ansatz von Schimmel. Käse bleibt auch frisch, wenn man ihn in ein mit Essig befeuchtetes Tuch wickelt. Harte Käse werden nur gerieben oder geschabt verwendet (Parmesan). Zum Überbacken mischt man den geriebenen Hartkäse mit Sahne oder verquirltem Ei.

Menge:
Für 4 Personen:

Schwierigkeit:
leicht

Zubereitungszeit:
40 Minuten
ohne Wartezeit

ZUBEREITUNG

1. Das Mehl auf eine Arbeitsfläche sieben, die Butter in Flöckchen daraufsetzen, eine Mulde eindrücken und das Eigelb hinzufügen.

2. Das Ganze mit Salz bestreuen und das lauwarme Wasser darüberträufeln.

3. Die Teigzutaten mit bemehlten Händen von außen nach innen schnell zu einem glatten, kompakten Mürbeteig verkneten.

4. Den Teig in ein feuchtes Küchentuch wickeln und im Kühlschrank mindestens eine Stunde ruhen lassen.

5. Für den Belag den Speck in feine Würfel schneiden und in einer Pfanne anschwitzen.

6. Die Zwiebeln schälen, in feine Würfel schneiden, zum Speck geben und unter ständigem Rühren kurz mitschwitzen. Vom Herd nehmen und in eine Schüssel geben.

7. Den Käse hinzufügen. Die Eier mit der Sahne verschlagen, mit Kümmel, Salz, Pfeffer, Muskat und Cayennepfeffer kräftig würzen und zum Schluss mit den gehackten Kräutern zum Speck geben.

8. Den Teig auf einer bemehlten Arbeitsfläche in der Größe einer Quiche- oder Pieform ausrollen. Den Teig einlegen und einen Rand hochdrücken.

9. Die Zwiebel-Käse-Masse gleichmäßig auf dem Teig verteilen und den Zwiebelkuchen im auf 180–200 °C vorgeheizten Backofen etwa 25–30 Minuten backen.

10. Den fertig gebackenen Zwiebelkuchen aus dem Backofen nehmen, in Stücke schneiden, dekorativ anrichten, mit Kräuterzweigen garnieren und servieren oder bis zum Verzehr, gut verpackt, kühl aufbewahren.

Tipp:
Wenn es schnell gehen muss, können Sie bei Pizza, Quiche & Co. immer auf fertige Teig zurückgreifen. So schmeckt unserer Zwiebelkuchen auch sehr gut mit einem fertigen Blätterteig.

Martinsgans mit Maronenfüllung

ZUTATEN

1 küchenfertige Gans
Salz, Pfeffer aus der Mühle
1–2 EL gerebelter Beifuß

Für die Füllung:
100 g geräucherter, durchwachsener Speck
1 Zwiebel
4 altbackene, in Milch eingeweichte Brötchen
200 g vorgekochte, geschälte Maronen
2 Eier
Semmelbrösel zum Binden
1 Prise Muskat

Außerdem:
2 Karotten
1 Stück Sellerie
2 Äpfel
500 ml Weißwein
1–2 Zweige Rosmarin
200 ml süße Sahne
Speisestärke zum Binden
4 cl Calvados
gedünstete Apfelscheiben und Rosmarinzweige zum Garnieren

Variation:
Wenn Sie auf den Weißwein verzichten möchten, so sollen Sie dafür einen Fruchtsaft verwenden.

Menge:
Für 4 Personen:

Schwierigkeit:
leicht

Zubereitungszeit:
180 Minuten

ZUBEREITUNG

1. Die Gans unter fließendem Wasser waschen, trocken tupfen, mit Salz, Pfeffer und Beifuß innen und außen würzen.

2. Den Speck in feine Würfel schneiden und in einer Pfanne auslassen. Die Zwiebel schälen, fein würfeln, zum Speck geben und kurz mitbraten. Vom Herd nehmen und in eine Schüssel geben.

3. Die eingeweichten Brötchen ausdrücken, mit den grob gehackten Maronen und den Eiern zum Speck geben und alles zu einer glatten Masse verarbeiten.

4. Die Füllung mit Semmelbröseln leicht binden. Mit Salz, Pfeffer, Beifuß und Muskat würzen und in die Gans füllen.

5. Die Karotten, den Sellerie und die Äpfel putzen, die Äpfel entkernen, klein schneiden und in einen Bräter legen.

6. Den Weißwein angießen, die Rosmarinzweige darauflegen, die Gans einsetzen und im auf 160 °C vorgeheizten Backofen 2 ½–3 Stunden braten.

7. Nach Ende der Garzeit die Gans herausnehmen, portionieren und warm stellen. Die Soße durch ein Sieb passieren, mit der Sahne in einen Topf geben und erneut aufkochen lassen.

8. Die Soße mit etwas angerührter Speisestärke leicht binden. Mit Calvados verfeinern, mit Salz und Pfeffer abrunden.

9. Die Soße auf heißen Tellern verteilen. Die Gänseteile einsetzen, mit gedünsteten Apfelscheiben und Rosmarinzweigen ausgarnieren und mit Bayrisch-Kraut servieren.

Kartoffelknödel

(ohne Abbildung)

ZUBEREITUNG

1. Kartoffeln waschen, in den Siebeinsatz des Dampfkochtopfes geben und ca. 20 Minuten zugedeckt dämpfen. Leicht abkühlen lassen, pellen, durch die Kartoffelpresse treiben und mit der Speisestärke, dem Salz und dem Muskat vermischen.

2. Die kochend heiße Milch darübergießen und einarbeiten. Die rohen Kartoffeln schälen, fein reiben, in ein Tuch geben, ausdrücken und unter den Teig rühren. Weißbrot würfeln und in Butter rösten.

3. Salzwasser zum Kochen bringen. Knödel abdrehen, dabei einige Weißbrotwürfel in die Mitte einarbeiten. Knödel ins Salzwasser geben und 20 Minuten gar ziehen lassen.

4. Butter erhitzen, Semmelbrösel einstreuen und goldgelb rösten. Die Knödel dekorativ anrichten, mit den Bröseln bestreuen und sofort servieren.

ZUTATEN

Für die Kartoffelknödel:
400 g vorwiegend festkochende Kartoffeln
100 g Kartoffelstärke
1 TL Salz, 1 Prise Muskat
100 ml heiße Milch
250 g rohe, mehlig kochende Kartoffeln
2 Scheiben Weißbrot
1 EL Butter, Salzwasser

Für die Butterbrösel:
50 g Butter
50 g Semmelbrösel

Menge:
Für 4 Personen:

Schwierigkeit:
leicht

Zubereitungszeit:
60 Minuten

Kalbsfilet auf Herbstgemüse

ZUTATEN

250 g Karotten
250 g Sellerie
300 g Rote Bete
500 ml Gemüsebrühe

Für die Soße:
200 ml Weißwein
200 ml süße Sahne
100 g Crème fraîche mit Kräutern
Speisestärke zum Binden
2 EL Honig
einige Tropfen Zitronensaft
einige Tropfen Worcestersoße
Salz, Pfeffer aus der Mühle
1 Prise Muskat
1 Prise Cayennepfeffer
50 g gemischte, frische Kräuter (Estragon, Kerbel, Petersilie)

Außerdem:
8 Scheiben Kalbsfilet à 80–100 g
2 EL Butterschmalz
2 Zweige Salbei
4 cl Grappa
Salbeiblättchen zum Garnieren

ZUBEREITUNG

1. Das Gemüse putzen, waschen und in mundgerechte Stücke schneiden.

2. Die Gemüsebrühe in einem Topf erhitzen und das Gemüse darin sortenweise garen, herausnehmen und warm stellen.

3. Für die Soße den Weißwein, die Sahne und die Crème fraîche in einen Topf geben.

4. Zum Kochen bringen und bei mäßiger Hitze 4–5 Minuten köcheln lassen. Mit etwas angerührter Speisestärke leicht binden.

5. Die Soße mit Honig, Zitronensaft, Worcestersoße, Salz, Pfeffer, Muskat und Cayennepfeffer kräftig abschmecken und zum Schluss die verlesenen, gewaschenen und fein geschnittenen Kräuter untermischen.

6. Die Kalbsfiletscheiben unter fließendem Wasser waschen, trocken tupfen.

7. Das Butterschmalz in einer Pfanne erhitzen. Die Salbeiblätter von den Zweigen pflücken, ins Fett geben und die Kalbsfilets darin braten.

8. Den Grappa leicht erwärmen, anzünden und die Kalbsfilets damit flambieren, salzen und pfeffern.

9. Die Soße auf heißen Tellern verteilen, das erhitzte Gemüse darauf dekorativ anrichten, die Kalbsfiletscheiben darauflegen, mit Salbeiblättchen ausgarnieren und sofort servieren.

Menge:
Für 4 Personen:

Schwierigkeit:
leicht

Zubereitungszeit:
50 Minuten

Tipp:
Rote Bete sind hauptsächlich als Salat bekannt, halten aber in jüngster Zeit immer mehr Einzug in die Gemüseküche. Sie werden gewaschen und in Salzwasser bissfest gegart (mit einer Gabel oder einem Holzstäbchen einstechen!) und anschließend erst geschält. So können sie weiterverarbeitet werden. Übrigens: Rote Bete lieben den Kümmel als Gewürz!

Pfifferlingstopf

ZUTATEN

600 g Schweinefilet
Salz, Pfeffer aus der Mühle
1 EL gerebelter Majoran
2–3 EL Butterschmalz
1 Bund Frühlingszwiebeln
2–3 Karotten
1 Stück Sellerie
100 g Brechbohnen
100 ml Weißwein
500 ml Gemüsebrühe
250 g frische Pfifferlinge
500 g gegarte Spätzle
1 Bund Schnittlauch

Menge:
Für 4 Personen:

Schwierigkeit:
leicht

Zubereitungszeit:
35 Minuten

ZUBEREITUNG

1. Das Schweinefilet waschen, trocken tupfen und in Scheiben schneiden. Mit Salz, Pfeffer und Majoran würzen. Schmalz erhitzen und die Filetscheiben darin braten, herausnehmen und warm stellen.

2. Die Frühlingszwiebeln putzen, waschen, in mundgerechte Stücke schneiden.

3. Die Karotten und den Sellerie schälen, waschen und in Stücke schneiden. Mit den Frühlingszwiebeln ins verbliebene Bratfett geben und kurz anschwitzen.

4. Die Brechbohnen putzen, waschen, in Stücke schneiden und zum Gemüse geben. Mit Weißwein und Gemüsebrühe auffüllen, zum Kochen bringen und bei mäßiger Hitze 15 Minuten garen.

5. Die Pfifferlinge verlesen, in den Eintopf geben und weitere 10 Minuten köcheln lassen. Den Pfifferlingstopf mit Salz, Pfeffer und Majoran würzen. Zum Schluss die Spätzle und die Filetscheiben in den Eintopf geben, erhitzen und nachwürzen.

6. Den Pfifferlingstopf dekorativ anrichten, mit frisch geschnittenem Schnittlauch bestreuen, garnieren und sofort servieren.

Linsengemüse mit Kasseler

(ohne Abbildung)

ZUTATEN

je 300 g Staudensellerie und Knollensellerie
3 Karotten, 300 g Kartoffeln
500 ml Gemüsebrühe
2 EL Butter, 1 Zwiebel
1 Dose Linsen
4 EL Balsamicoessig
Salz, Pfeffer aus der Mühle
1 TL Zucker
Butterschmalz
4 Scheiben Kasseler
à 150 g ohne Knochen
Kräuterzweige zum Garnieren

ZUBEREITUNG

1. Den Staudensellerie putzen, waschen und in mundgerechte Stücke schneiden.

2. Den Knollensellerie, die Karotten und die Kartoffeln schälen, ebenfalls in Stücke schneiden, das Gemüse waschen und gut abtropfen lassen.

3. Die Brühe in einem Topf erhitzen. Das Gemüse in die Gemüsebrühe geben und bei mäßiger Hitze 15 Minuten köcheln lassen.

4. Die Butter in einem Topf erhitzen, die geschälte Zwiebel fein würfeln, ins Fett geben und glasig schwitzen.

5. Das gut abgetropfte Gemüse mit den abgetropften Linsen zu den Zwiebeln geben, kurz mitschwitzen, mit Balsamicoessig verfeinern, mit Salz, Pfeffer und Zucker kräftig abschmecken.

6. Das Butterschmalz in einer Pfanne erhitzen und die Kasselerscheiben darin braten, das Linsengemüse dekorativ anrichten, mit dem Kasseler belegen, mit Kräuterzweigen garnieren und sofort servieren.

Menge:
Für 4 Personen:

Schwierigkeit:
leicht

Zubereitungszeit:
30 Minuten

Rinderrouladen mit Sauerkrautfüllung

ZUTATEN

4 dünne Rinderrouladen à 200 g
Salz, Pfeffer aus der Mühle
1 TL Kümmelpulver
4 dünne Scheiben fetter Speck
200 g Weinsauerkraut aus der Dose
Butterschmalz zum Braten

Für die Soße:
4 Zwiebeln
200 ml dunkles Bier
400 ml Gemüse- oder Fleischbrühe
2 Lorbeerblätter
1 TL Wacholderbeeren
dunkler Soßenbinder

Außerdem:
Petersilienzweige zum Garnieren

Variation:
Statt der Rinderrouladen können Sie auch Schweinerouladen verwenden.

Menge:
Für 4 Personen:

Schwierigkeit:
leicht

Zubereitungszeit:
120 Minuten

ZUBEREITUNG

1. Die küchenfertigen Rinderrouladen unter fließendem Wasser waschen, trocken tupfen, mit Salz, Pfeffer und Kümmelpulver würzen und auf eine Arbeitsfläche legen.

2. Die Rouladen mit je einer Scheibe Speck belegen, das Sauerkraut zerpflücken, auf den Rouladen verteilen und die Rouladen zusammenrollen.

3. Die Rouladen mit Küchenschnur binden oder mit Rouladenklammern zusammenklammern.

4. Das Schmalz in einem Bräter erhitzen und die Rouladen darin rundherum Farbe nehmen lassen.

5. Die Zwiebeln schälen, achteln, zu den Rouladen geben und kurz mitbraten.

6. Mit Bier ablöschen, mit der Gemüse- oder Fleischbrühe auffüllen und zum Kochen bringen.

7. Die Lorbeerblätter und die Wacholderbeeren in die Soße geben und das Ganze zugedeckt im auf 180 °C vorgeheizten Backofen 90 Minuten schmoren lassen.

8. Die fertigen Rouladen und die Zwiebeln aus der Soße nehmen, die Soße durch ein Sieb passieren, erneut erhitzen und mit dunklem Soßenbinder leicht binden.

9. Die Rouladen und die Zwiebeln in die Soße geben, erhitzen, nochmals nachwürzen, die Rouladen mit der Soße und den Zwiebeln dekorativ anrichten, mit Petersilienzweigen garnieren und mit Kartoffelpuffern sofort servieren.

Schwäbischer Schnitzeltopf

ZUTATEN

8 küchenfertige Schweineschnitzel à 100 g
Salz, Pfeffer aus der Mühle
1 EL Paprikapulver edelsüß
Butterschmalz zum Braten
1 Zwiebel
2 Knoblauchzehen
100 ml Weißwein
200 ml Gemüse- oder Fleischbrühe
200 ml süße Sahne
dunkler Soßenbinder
600 g hausgemachte Spätzle oder aus dem Kühlregal
Butter zum Anbraten und Ausfetten
1 Prise Muskat
200 g geriebener Emmentaler
50 g Röstzwiebeln (Fertigprodukt)
1 Bund Petersilie

ZUBEREITUNG

1. Die Schweineschnitzel unter fließendem Wasser waschen, trocken tupfen, leicht klopfen, mit Salz, Pfeffer und Paprikapulver kräftig würzen.

2. Das Butterschmalz in einer Pfanne erhitzen und die Schweineschnitzel darin auf beiden Seiten anbraten, herausnehmen und bereitstellen.

3. Die Zwiebeln und die Knoblauchzehen schälen, in feine Würfel schneiden, ins verbliebene Bratfett geben und glasig schwitzen.

4. Mit dem Weißwein ablöschen, mit der Gemüse- oder Fleischbrühe und der Sahne auffüllen, zum Kochen bringen, kurz einreduzieren lassen und mit dunklem Soßenbinder binden.

5. Die fertig gegarten Spätzle in der erhitzen Butter in einer Pfanne anbraten, mit Salz, Pfeffer und Muskat kräftig würzen.

6. Eine Auflaufform ausfetten, die Spätzle schichtweise mit dem geriebenen Emmentaler und den Röstzwiebeln einfüllen und in dem auf 180 °C vorgeheizten Backofen 10 Minuten backen.

7. Die Schnitzel darauflegen, die Soße angießen und weitere 10 Minuten im Backofen backen. Den schwäbischen Schnitzeltopf mit der verlesenen, gewaschenen und fein gehackten Petersilie bestreuen und sofort servieren.

Variation:
Statt Emmentaler können Sie auch einen anderen Reibkäse verwenden.

Menge:
Für 4 Personen:

Schwierigkeit:
leicht

Zubereitungszeit:
30 Minuten

Käse in der Küche:
Käse bleibt länger frisch und schimmelt nicht so schnell, wenn ein Stückchen Würfelzucker unter die Käseglocke gelegt wird. Das saugt die Feuchtigkeit auf. Oder geben Sie Käse in eine luftdicht verschließbare Kunststoffschachtel, die mit Butterbrotpapier ausgelegt ist, und verwahren Sie diese im Kühlschrank. Das verhindert das Austrocknen und den Ansatz von Schimmel. Käse bleibt auch frisch, wenn man ihn in ein mit Essig befeuchtetes Tuch wickelt. Harte Käse werden nur gerieben oder geschabt verwendet (Parmesan). Zum Überbacken mischt man den geriebenen Hartkäse mit Sahne oder verquirltem Ei.

PFEFFER
SCHWARZ
Silit

Schwäbisches Linsengemüse

ZUTATEN

250 g Tellerlinsen
1 Zwiebel
2 Knoblauchzehen
2 EL Butter
500 g Karotten
500 g Staudensellerie
500 ml Linsenfond oder Gemüsebrühe
8 Scheiben Wammerl à 80 g (geräucherter, gekochter Schweinebauch)
Salz, Pfeffer aus der Mühle
1 Prise Muskat
2 Lorbeerblätter
dunkler Soßenbinder
4 EL Weißweinessig
1 EL Zucker
1 Bund Petersilie

ZUBEREITUNG

1. Die Linsen unter fließendem Wasser abwaschen, in eine Schüssel geben, Wasser ohne Salz angießen und über Nacht einweichen.

2. Die Linsen im Einweichwasser in einen Topf geben, zum Kochen bringen und bei mäßiger Hitze 30 Minuten garen. Anschließend die Linsen abgießen und den Fond dabei auffangen.

3. Die Zwiebel und die Knoblauchzehen schälen, fein würfeln, die Butter in einem Topf erhitzen, die Zwiebel- und Knoblauchwürfel dazugeben und anschwitzen.

4. Die Karotten schälen, den Staudensellerie putzen, Karotten und Staudensellerie waschen, beides in feine Würfel schneiden, zu den Knoblauchzwiebeln geben und kurz mitbraten.

5. Den Linsenfond oder die Gemüsebrühe angießen und zum Kochen bringen.

6. Das Wammerl einlegen, die Linsen untermischen, mit Salz, Pfeffer, Muskat würzen, die Lorbeerblätter dazugeben und das Ganze bei mäßiger Hitze 20 Minuten köcheln lassen.

7. Das Linsengemüse mit dunklem Soßenbinder leicht binden, mit Weißweinessig und Zucker je nach Geschmack süßsauer abschmecken.

8. Das Linsengemüse mit dem Wammerl dekorativ anrichten, mit der verlesenen, gewaschenen und fein gehackten Petersilie bestreuen und mit Spätzle sofort servieren.

Variation:
Statt Wammerl können Sie auch einen Katenschinken oder rohen Schinken verwenden.

Menge:
Für 4 Personen:

Schwierigkeit:
leicht

Zubereitungszeit:
60 Minuten

Pfeffer

Deftiger Linsentopf mit Backpflaumen

ZUTATEN

250 g Pardina-Linsen
1 Zwiebel
2 EL Butter
300 g Karotten
300 g Sellerie
500 g Kartoffeln
500 ml Linsenfond oder Gemüsebrühe
100 g getrocknete Soft-Pflaumen
Salz, Pfeffer aus der Mühle
2 Lorbeerblätter
einige Nelken
einige Pfefferkörner
4 EL Weißweinessig
1 EL Zucker
2 Paar Regensburger Würstchen
½ Bund Petersilie

ZUBEREITUNG

1. Die Pardina-Linsen unter fließendem Wasser waschen. Wasser ohne Salz in einem Topf zum Kochen bringen, die Linsen dazugeben und 30 Minuten garen.

2. Die Linsen abgießen und den Linsenfond auffangen.

3. Die Zwiebel schälen, fein würfeln, die Butter in einem Topf erhitzen und die Zwiebelwürfel darin glasig schwitzen.

4. Die Karotten, den Sellerie und die Kartoffeln schälen, waschen, in Würfel schneiden, zu den Zwiebeln geben und kurz mitbraten.

5. Den Linsenfond oder die Gemüsebrühe angießen, zum Kochen bringen und das Gemüse 10 Minuten garen.

6. Die entsteinten Pflaumen klein schneiden, die Lorbeerblätter, die Nelken und die Pfefferkörner in einen Gewürzbeutel geben, mit den Pflaumen in den Sud einlegen, mit Salz und Pfeffer würzen, die Linsen dazugeben und weitere 10 Minuten garen.

7. Den Linsentopf mit Weißweinessig und Zucker süßsauer abschmecken, die Regensburger Würstchen einlegen und erhitzen.

8. Den Linsentopf mit den Regensburger Würstchen dekorativ anrichten, mit der verlesenen, gewaschenen und fein gehackten Petersilie bestreuen und sofort servieren.

Variation:
Statt der Regensburger Würstchen können Sie auch andere Brühwürstchen aber auch gekochtes oder gebratenes Fleisch verwenden.

Brühe:
Fleischbrühe kann aus Suppenfleisch, einigen Markknochen oder aus einem Suppenhuhn und Gewürzen, eine Gemüsebrühe aus Suppengemüse wie z. B. Sellerie, Karotten, Lauch, Petersilienwurzeln usw. auf Vorrat gekocht und eingefroren werden. Aus Wasser und Instant-Suppenwürze können Sie lecker schmeckende Brühen für Suppen aller Art zubereiten. Diese Würzen gibt es als Gemüsebrühe, Fleischbrüheextrakt, klare Fleischbrühe, gekörnte Brühe oder Hühnerbrühe in erstklassiger Qualität zu kaufen.

Menge:
Für 4 Personen:

Schwierigkeit:
leicht

Zubereitungszeit:
60 Minuten

Schweinebraten mit weißen Bohnen

ZUTATEN

250 g getrocknete weiße Bohnen
1 kg Schweinenacken
Salz, Pfeffer aus der Mühle
1 EL gerebelter Majoran
2 Knoblauchzehen
Butterschmalz zum Braten
2 Zwiebeln
200 ml Weißwein
600 ml Gemüse- oder Fleischbrühe
1 TL Wacholderbeeren
1 TL Pfefferkörner
500 g Karotten
½ Sellerieknolle
600 g Tomaten
je 2 Zweige Rosmarin und Salbei
Rosmarinzweige zum Garnieren

ZUBEREITUNG

1. Die Bohnen unter fließendem Wasser waschen und in eine Schüssel geben. Wasser ohne Salz angießen und über Nacht einweichen.

2. Anschließend die Bohnen im Einweichwasser 45 Minuten kochen, abgießen und bereitstellen.

3. Den küchenfertigen Schweinenacken unter fließendem Wasser waschen, trocken tupfen und mit Salz, Pfeffer und Majoran kräftig würzen.

4. Die Knoblauchzehen schälen, fein hacken und das Fleisch damit einreiben.

5. Das Butterschmalz in einem Bräter erhitzen und den Schweinenacken darin rundherum Farbe nehmen lassen. Die Zwiebeln schälen, fein würfeln, zum Fleisch geben und mitbraten.

6. Mit Weißwein ablöschen und mit der Gemüse- oder Fleischbrühe auffüllen.

7. Die Wacholderbeeren und die Pfefferkörner in einen Gewürzbeutel geben, in den Sud legen und das Ganze zugedeckt im auf 180 °C vorgeheizten Backofen 45 Minuten schmoren lassen.

8. Die Karotten und den Sellerie schälen, waschen und in mundgerechte Stücke schneiden.

9. Die Tomaten waschen, vom Strunk befreien und in Würfel schneiden. Mit dem Gemüse, den Bohnen und den Kräuterzweigen zum Fleisch geben und weitere 45 Minuten garen.

10. Das Fleisch aus dem Bohnengemüse nehmen, in Scheiben schneiden, mit dem Gemüse dekorativ anrichten, mit Rosmarinzweigen garnieren und sofort servieren.

Variation:
Statt dem Schweinenacken können Sie auch ein Wammerl verwenden.

Menge:
Für 4 Personen:

Schwierigkeit:
leicht

Zubereitungszeit:
120 Minuten

Tomaten:
Es gibt Fleischtomaten – groß und leicht gerippt, Kirschtomaten, die wirklich nur kirschgroß sind, dafür aber süßer als andere, und dazwischen alle möglichen Größen. Tomaten, die an vielbeerigen Fruchtständen hängen, und solche Fruchtstände, die nur zwei oder drei, dafür aber große Früchte ausbilden. Auch eiförmige oder gelbe Früchte werden angebaut. Welche Sorte die richtige ist, ist Geschmackssache.

Erbsentarte mit Schinken

ZUTATEN

200 g gelbe Schälerbsen
600 g gekochte Kartoffeln
Butterschmalz zum Ausfetten
300 g gekochter Schinken
2 Zwiebeln

Außerdem:
4 Eier
200 ml Milch
Salz, Pfeffer aus der Mühle
1 Prise Cayennepfeffer
1 Prise Muskat
150 g geriebener Tilsiter
½ Bund Petersilie

Tipp:
Schneiden Sie Küchenkräuter nicht auf Holzbrettchen, denn sie saugen den Saft auf. Nehmen Sie Kunststoffbrettchen. Besitzen Sie ausschließlich Holzbrettchen, sollten Sie diese vor dem Schneiden der Küchenkräuter eine halbe Stunde in kaltem Wasser einweichen.

Menge:
Für 4 Personen:

Schwierigkeit:
leicht

Zubereitungszeit:
145 Minuten

ZUBEREITUNG

1. Die Schälerbsen unter fließendem Wasser waschen und in eine Schüssel geben. Wasser ohne Salz angießen und die Erbsen über Nacht einweichen.

2. Die Erbsen mit dem Einweichwasser in einen Topf geben und zum Kochen bringen.

3. Die Erbsen bei mäßiger Hitze etwa 90 Minuten garen. Anschließend abgießen und gut abtropfen lassen.

4. Die Kartoffeln pellen, in Scheiben schneiden, eine Pizza- oder Tarteform mit Butterschmalz ausfetten und die Kartoffelscheiben einschichten.

5. Den Schinken in feine Streifen schneiden, die Zwiebeln schälen, in feine Würfel schneiden mit den Schinkenstreifen auf den Kartoffelscheiben verteilen.

6. Die Eier mit der Milch verschlagen, mit Salz, Pfeffer, Cayennepfeffer und Muskat kräftig würzen, gleichmäßig auf der Tarte verteilen und im auf 180 °C vorgeheizten Backofen 20 Minuten backen.

7. Die Erbsentarte mit dem geriebenen Tilsiter bestreuen und weitere 25 Minuten backen.

8. Anschließend aus dem Ofen nehmen, in Stücke schneiden, dekorativ anrichten, mit der verlesenen, gewaschenen und fein gehackten Petersilie bestreuen und sofort servieren.

Geschmorte Pökelhaxe

ZUTATEN

2 kleine gepökelte Schweinshaxen à 800 g
2 Zwiebeln
1 Bund Suppengemüse
1 l Gemüsebrühe
2 Lorbeerblätter
1 TL Wacholderbeeren
1 TL Pfefferkörner
1 EL Senfkörner

Außerdem:
600 g Sauerkraut
1 Kartoffel
1 TL Kümmel
500 ml Kochsud
Salz, Pfeffer aus der Mühle
1 Prise Cayennepfeffer
1 EL Zucker
Petersilienzweige zum Garnieren

ZUBEREITUNG

1. Die küchenfertigen Schweinshaxen unter fließendem Wasser waschen, trocken tupfen und in einen Bräter legen.

2. Die Zwiebeln schälen, klein schneiden, das Suppengemüse putzen, waschen, klein schneiden und mit den Zwiebeln zu den Schweinshaxen geben.

3. Die Gemüsebrühe angießen – die Haxen sollen bedeckt sein –, die Lorbeerblätter, die Wacholderbeeren, die Pfefferkörner und die Senfkörner dazugeben, das Ganze zum Kochen bringen und zugedeckt bei mäßiger Hitze 60 Minuten köcheln lassen.

4. Die Schweinshaxen aus dem Sud nehmen, den Sud durch ein Sieb abgießen und 500 ml abmessen.

5. Das Sauerkraut zerpflücken, die Kartoffel schälen, fein reiben, mit dem Sauerkraut und dem Kümmel vermischen und in einen Bräter verteilen.

6. Den Kochsud angießen, mit Salz, Pfeffer, Cayennepfeffer und Zucker würzen und die Schweinshaxen darauflegen.

7. Den Bräter verschließen und in dem auf 180 °C vorgeheizten Backofen 90 Minuten schmoren lassen. Anschließend den Deckel abnehmen, den Backofen auf 220 °C erhitzen und die Schweinshaxen 20 Minuten Farbe nehmen lassen.

8. Die Schweinshaxen mit dem Sauerkraut dekorativ anrichten, mit Petersilienzweigen garnieren und mit Kartoffelnudeln sofort servieren.

Tipp:
Küchenkräuter bleiben frisch und schnittfest, bewahrt man sie in einem Glas mit weiter Öffnung und Schraubverschluss im Kühlschrank auf. Sie können Küchenkräuter auch in Plastikbehälter mit Vakuumdeckel geben. Legen Sie gegen die sich entwickelnde Feuchtigkeit etwas Küchenkrepp auf den Boden des Behälters.

Menge:
Für 4 Personen:

Schwierigkeit:
leicht

Zubereitungszeit:
180 Minuten

Lorbeer:
Eine ideale Ergänzung bringt der Lorbeer für alle Sauerkonserven, für eingelegtes und eingemachtes Gemüse. Im Kochsud werden die Lorbeerblätter in Verbindung mit Wacholderbeeren, Pfefferkörnern, Nelken sowie Koriander und Pimentkörnern gesehen. In verschiedenen Mischungen können die Lorbeerblätter dann für Fisch, Fleisch, Geflügel und Gemüseansätze benutzt werden. Lorbeerblätter erhält man im Handel ganz oder gemahlen. Die gemahlenen Blätter sollten luftdicht verschlossen werden, denn sonst verliert das Pulver sehr schnell das Aroma.

Berliner Gänsesauer

ZUTATEN

2 küchenfertige Gänsekeulen
1 l Gemüsebrühe
1 Bund Suppengemüse
1 Lorbeerblatt
einige Nelken
einige Pfefferkörner
2 EL Obstessig
Salz, Pfeffer aus der Mühle
1 Prise Zucker
8 Blatt weiße Gelatine
2 Essiggurken
1 Bund Petersilie
Tomatenachtel und Kräuterzweige zum Garnieren

Menge:
Für 4 Personen:

Schwierigkeit:
leicht

Zubereitungszeit:
120 Minuten
ohne Wartezeit

ZUBEREITUNG

1. Die küchenfertigen Gänsekeulen unter fließendem Wasser waschen und trocken tupfen.

2. Die Gemüsebrühe in einem Topf erhitzen, die Gänsekeulen einlegen und bei mäßiger Hitze 60 Minuten köcheln lassen.

3. Das Suppengemüse putzen, waschen und klein schneiden. Das Lorbeerblatt, die Nelken und die Pfefferkörner dazugeben, mit Obstessig, Salz, Pfeffer und Zucker würzen und weitere 40 Minuten köcheln lassen.

4. Die fertigen Gänsekeulen aus dem Sud nehmen, gut abtropfen lassen, erkalten lassen, das Fleisch vom Knochen lösen und in mundgerechte Stücke schneiden.

5. Den Sud durch ein Sieb passieren, das Fett abschöpfen und den Sud erneut erwärmen.

6. Die gut gewässerte, ausgedrückte Gelatine darin vollständig auflösen lassen.

7. Die Essiggurken gut abtropfen lassen, in Scheiben schneiden, mit dem Gänsefleisch in eine Terrinenform schichten, den Sud angießen und im Kühlschrank – am besten über Nacht – vollständig auskühlen lassen.

8. Den Gänsesauer aus der Terrinenform stürzen, in Stücke schneiden, dekorativ anrichten, mit der verlesenen, gewaschenen und fein gehackten Petersilie bestreuen, mit Tomatenachteln und Kräuterzweigen garnieren und mit Bratkartoffeln sofort servieren.

Gelatine:

Eingeweichte Gelatine immer gut ausdrücken. Aufgelöste Gelatine sollte niemals in kochende Gerichte eingerührt werden, denn so kann sie nicht gelieren. Geben Sie sie in die warme Flüssigkeit und rühren Sie solange, bis sie sich aufgelöst hat. Beim Mischen mit kalten Speisen sollten Sie immer die kalte Masse zur Gelatine geben und nicht umgekehrt. Hierfür wird die im Wasser eingeweichte, ausgedrückte Gelatine in einem kleinen Topf bei geringer Hitze aufgelöst. Nun einige Esslöffel der kalten Flüssigkeit oder Masse mit der aufgelösten Gelatine verrühren. Zum Schluss den Rest der kalten Masse oder Flüssigkeit zufügen und alles gut miteinander ver-rühren. Als Faustregel für die Dosierung von Gelatine gilt: 6 Blatt auf 500 ml Flüssigkeit.

Rinderschmorbraten in Rotweinsoße

ZUTATEN

1,2 kg Rinderschmorbraten
Salz, Pfeffer aus der Mühle
1 TL Korianderpulver
1 TL geschroteter schwarzer Pfeffer
Butterschmalz zum Braten

Für die Soße:
2 Zwiebeln
1 Bund Suppengemüse
2 EL Tomatenmark
200 ml Rotwein
500 ml Gemüse- oder Fleischbrühe
2 Lorbeerblätter
einige Nelken
1 TL Wacholderbeeren
je 2 Zweige Rosmarin und Thymian
dunkler Soßenbinder zum Binden
einige Tropfen Weinbrand

Außerdem:
Kräuterzweige zum Garnieren

ZUBEREITUNG

1. Den küchenfertigen Rinderschmorbraten unter fließendem Wasser waschen, trocken tupfen, mit Salz, Pfeffer, Korianderpulver und geschrotetem Pfeffer kräftig würzen.

2. Das Butterschmalz in einem Bräter erhitzen und den Braten darin rundherum Farbe nehmen lassen.

3. Die Zwiebeln schälen, würfeln, das Suppengemüse putzen, ebenfalls würfeln, mit den Zwiebeln zum Fleisch geben und kurz mitbraten.

4. Das Tomatenmark einrühren und kurz rösten, mit Rotwein ablöschen und mit der Gemüse- oder Fleischbrühe auffüllen.

5. Die Lorbeerblätter, die Nelken, die Wacholderbeeren und die Kräuterzweige einlegen und das Ganze zugedeckt in dem auf 180–200 °C vorgeheizten Backofen 100–120 Minuten schmoren.

6. Nach Ende der Garzeit den Braten aus der Soße nehmen und warm stellen, die Soße durch ein Sieb passieren und erneut erhitzen.

7. Die Soße mit etwas Soßenbinder leicht binden, mit Salz, Pfeffer und Korianderpulver nachwürzen und mit Weinbrand aromatisieren.

8. Den Rinderschmorbraten in Scheiben schneiden, mit der Soße dekorativ anrichten, mit Kräuterzweigen garnieren und mit Serviettenknödeln sofort servieren.

Thymian:

Thymian ist Bestandteil der Kräuter der Provence und der „fines herbes". Wie der Rosmarin wird der Thymian auch sehr gerne für das Bouquet garni verwendet. Er harmoniert sehr gut mit Knoblauch, Oliven und Tomaten und gehört natürlich in die verschiedenen Nudel- und Teiggerichte. Zu vielen Gemüsen passt er weniger, jedoch zu Auberginen, Hülsenfrüchten, Paprika und Zucchini macht er sich hervorragend. Thymian wird, wie auch Majoran, für die verschiedenen Wurstsorten und Wurstzubereitungen verwendet.

Menge:
Für 4 Personen:

Schwierigkeit:
leicht

Zubereitungszeit:
130 Minuten

Deftiger Kartoffelauflauf

ZUTATEN

800 g Kartoffeln
400 g kalter Braten
1 Zwiebel
2 Knoblauchzehen
1 EL Butter
300 ml Milch
200 ml süße Sahne
Salz, Pfeffer aus der Mühle
1 Prise Muskat
1 Prise Cayennepfeffer
1 Bund Petersilie

Menge:
Für 4 Personen:

Schwierigkeit:
leicht

Zubereitungszeit:
90 Minuten

ZUBEREITUNG

1. Die Kartoffeln unter fließendem Wasser abbürsten, schälen und in Scheiben schneiden. Den Braten in mundgerechte Würfel schneiden.

2. Zwiebeln und Knoblauch schälen, in feine Würfel schneiden, die Butter in einer Auflaufform erhitzen, die Zwiebel- und Knoblauchwürfel darin anschwitzen.

3. Die Kartoffeln mit den Bratenwürfeln und den Knoblauchzwiebeln in einer Schüssel vermischen und in die Auflaufform schichten.

4. Milch und Sahne in einem Topf aufkochen lassen, mit Salz, Pfeffer, Muskat und Cayennepfeffer würzen, über den Auflauf geben und im auf 200 °C vorgeheizten Backofen 60 Minuten zugedeckt und 20 Minuten ohne Deckel garen.

5. Den Kartoffelauflauf aus dem Backofen nehmen, dekorativ anrichten, mit der verlesenen, gewaschenen und fein gehackten Petersilie bestreuen und sofort servieren.

Rollbraten mit Kräutern

(ohne Abbildung)

ZUTATEN

3 kg Schweinerolle
je 2 Zweige Salbei, Rosmarin, Majoran und Pfefferminze
Schale von 1 unbehandelten Zitrone
4 Knoblauchzehen
Salz, Pfeffer aus der Mühle
3 l Gemüse- oder Fleischbrühe
2–3 Lorbeerblätter
einige Nelken
einige Pfefferkörner

Außerdem:
2–3 EL Schmalz
1 Zwiebel
2 Knoblauchzehen
2 Bund Suppengemüse
2–3 EL Tomatenmark
Kräuterzweige zum Garnieren

ZUBEREITUNG

1. Die Schweinerolle vom Metzger so vorbereiten lassen, dass das Fleisch zusammenhängt und gut gerollt werden kann.

2. Die Kräuterzweige verlesen, waschen, fein hacken, mit der geriebenen Zitronenschale und den geschälten, fein gehackten Knoblauchzehen vermischen.

3. Die Schweinerolle mit Salz und Pfeffer kräftig würzen, mit der Kräutermischung innen einreiben, zusammenrollen und mit Küchenschnur binden.

4. Die Gemüse- oder Fleischbrühe mit den Lorbeerblättern, den Nelken und den Pfefferkörnern in einem Topf zum Kochen bringen.

5. Die Schweinerolle einlegen und bei mäßiger Hitze mindestens eine Stunde garen.

6. Das Butterschmalz in einem Bräter erhitzen. Die Schweinerolle aus dem Sud nehmen, gut abtropfen lassen, trocken tupfen und im Schmalz rundherum Farbe nehmen lassen.

7. Die Zwiebel und die Knoblauchzehen schälen, fein würfeln, mit dem geputzten, klein geschnittenen Suppengemüse zum Fleisch geben und kurz mitbraten.

8. Das Tomatenmark einrühren, etwas Kochsud angießen und das Ganze im auf 180–200 °C vorgeheizten Backofen 60–70 Minuten garen.

9. Während der Garzeit öfter mit dem Kochsud ablöschen (insgesamt mit etwa 500 ml).

10. Nach Ende der Garzeit den Schweinerollbraten herausnehmen, in Scheiben schneiden und dekorativ anrichten. Die Soße mit Salz und Pfeffer abschmecken, zum Fleisch geben, mit Kräuterzweigen garnieren und sofort servieren.

Menge:
Für 4 Personen:

Schwierigkeit:
leicht

Zubereitungszeit:
140 Minuten

Schweinebraten mit Frischkäsefüllung

ZUTATEN

1,5 kg Schweinerollbraten (1 Stück aus dem Nacken, vom Metzger vorbereitet)
Salz, Pfeffer aus der Mühle
Paprikapulver zum Bestreuen

Für die Füllung:
200 g Doppelrahmfrischkäse
30 g getrocknete, eingelegte Tomaten
3 Knoblauchzehen
2 Eigelb
1–2 EL Semmelbrösel
einige Zweige Rosmarin
je ½ Bund Basilikum, Petersilie und Schnittlauch
1 EL geriebene Zitronenschale

Außerdem:
Butterschmalz zum Braten
1 Zwiebel
2 Karotten
1 Stück Sellerie
2–3 EL Tomatenmark
300 ml Rotwein
300 ml Brühe

Für die Frischkäsesoße:
200 g Frischkäse
200 ml Milch
Muskat, Cayennepfeffer
Speisestärke zum Binden
Basilikum zum Garnieren

ZUBEREITUNG

1. Den küchenfertigen Schweinerollbraten entrollen. Mit Salz, Pfeffer und Paprika kräftig würzen.

2. Den Frischkäse mit den in Würfel geschnittenen Tomaten, den geschälten und gehackten Knoblauchzehen und den Eigelben in eine Schüssel geben und glatt rühren.

3. Mit Semmelbröseln leicht binden, mit Salz, Pfeffer und Paprika würzen. Die Kräuter verlesen, waschen, abtropfen lassen, fein schneiden, mit der geriebenen Zitronenschale zum Frischkäse geben und vermischen.

4. Die Füllung auf das Fleisch streichen, zusammenrollen und in ein Netz geben. Schmalz erhitzen und den Braten darin rundherum Farbe nehmen lassen.

5. Die Zwiebel, die Karotten und den Sellerie putzen, klein schneiden, zum Fleisch geben und kurz mitbraten. Das Tomatenmark einrühren, Rotwein und Brühe angießen und den Braten zugedeckt in dem auf 180–200 °C vorgeheizten Backofen 1 ½–2 Stunden schmoren lassen.

6. Nach Ende der Garzeit den Schweinerollbraten aus dem Ofen nehmen, das Netz entfernen und den Braten warm stellen. Die Soße durch ein Sieb streichen, in einen Topf geben und kurz einreduzieren lassen.

7. Den Frischkäse mit der Milch in einen Topf geben und zum Kochen bringen. Mit Salz, Pfeffer, Muskat und Cayennepfeffer würzen und mit etwas angerührter Speisestärke leicht binden.

8. Den Braten in Scheiben schneiden, mit den beiden Soßen dekorativ anrichten, mit Basilikum garnieren und sofort servieren.

Menge:
Für 4–6 Personen:

Schwierigkeit:
leicht

Zubereitungszeit:
140 Minuten

Tipp:
Kräuter und auch Gewürze sind nicht nur besonders wichtig, um den frisch zubereiteten Speisen den gewünschten Geschmack zu verleihen, sie haben auch eine für die Gesundheit positive Wirkung. Fast alle Kräuter unterstützen unsere Gesundheit und haben sich als Hausmittel gegen diverse Leiden bewährt. Sie tragen zudem zur Vitamin- und Mineralstoffversorgung bei. Ausschlaggebend dafür sind die Inhaltsstoffe wie ätherische Öle, Bitter-, Gerb- oder Farbstoffe.

Würziges Rinderfilet

ZUTATEN

800 g Rinderfilet
Salz, Pfeffer aus der Mühle

Für die Füllung:
2 Schalotten
1 EL Butter
100 g Roquefort
1–2 EL Semmelbrösel
1 Eigelb
1–2 Zweige Thymian
1–2 Zweige Petersilie
Butterschmalz zum Braten
Alufolie

Für die Nudeln:
250 g Linguine
Salzwasser zum Garen
einige Tropfen Olivenöl
1–2 EL Butter
1–2 EL Trüffelöl
1 Trüffel (aus dem Glas)

Außerdem:
Thymianzweige zum Garnieren

ZUBEREITUNG

1. Das Rinderfilet unter fließendem Wasser waschen, trocken tupfen und zum Füllen vorbereiten. Mit Salz und Pfeffer würzen.

2. Für die Füllung die Schalotten schälen und in feine Würfel schneiden. Die Butter in einer Pfanne erhitzen und die Schalotten darin anschwitzen, vom Herd nehmen und in eine Schüssel geben.

3. Den Roquefort fein würfeln, mit den Semmelbröseln, dem Eigelb, den verlesenen, gewaschenen und fein geschnittenen Kräutern zu den Schalotten geben und vermischen. Das Rinderfilet füllen und mit Küchenschnur binden.

4. Das Butterschmalz in einem Bräter erhitzen und das Fleisch darin rundherum anbraten.

5. Ein entsprechend großes Stück Alufolie auf eine Arbeitsfläche legen, das Filet daraufsetzen, einwickeln und im auf 160 °C vorgeheizten Backofen 30–35 Minuten garen.

6. In der Zwischenzeit die Linguine im Salzwasser mit dem Olivenöl bissfest garen, abgießen, abschrecken, gut abtropfen lassen und warm stellen.

7. Die Butter und das Trüffelöl in einer Pfanne erhitzen. Die Linguine dazugeben und durchschwenken. Mit Salz und Pfeffer würzen. Die gut abgetropfte Trüffel in hauchdünne Scheiben schneiden und zu den Nudeln geben.

8. Das gegarte Filet aus dem Ofen nehmen, die Alufolie entfernen, das Filet in Scheiben schneiden. Mit den Trüffelnudeln dekorativ anrichten, mit Thymianzweigen garnieren und servieren.

Tipp:
Auch wenn Sie nicht die Möglichkeit haben, täglich einzukaufen, kaufen Sie nicht mehr, als Sie in 2–3 Tagen verbrauchen können, und lagern Sie das Gemüse im Gemüsefach Ihres Kühlschranks.

Menge:
Für 4 Personen:

Schwierigkeit:
leicht

Zubereitungszeit:
60 Minuten

Sauce hollandaise:
Die Zubereitung der Sauce hollandaise erfordert etwas Fingerspitzengefühl. Sie wird im heißen Wasserbad schaumig aufgeschlagen und muss sofort serviert werden. Diese Sauce ist der ideale Begleiter von Spargel und vielen zarten Gemüsesorten und passt vorzüglich zu feinen Fleisch- und Fischspeisen. Die Sauce hollandaise kann mit geriebenem Käse, Zitronensaft, Orangensaft, Senf, Wein und Rahm verfeinert oder mit Kräutern und Gewürzen abgerundet werden.

Weißkohl mit Leberwurstfüllung

ZUTATEN

1 Kopf Weißkohl
Salzwasser oder Gemüsebrühe zum Garen

Außerdem:
3 Scheiben Bauernbrot
2 Knoblauchzehen
1 Zwiebel
2–3 EL Olivenöl
je 1 TL gerebelter Oregano und Thymian
1 EL geschroteter schwarzer Pfeffer
200 g grobe Leberwurst
200 g gut gewürztes Kalbsbrät
Salz, Pfeffer aus der Mühle
1 Prise Cayennepfeffer
200 g geriebener Emmentaler
500 ml Gemüse- oder Fleischbrühe

Für die Soße:
3–4 Tomaten
2–3 EL Butter
100 ml Weißwein
Kräuterzweige zum Garnieren

Variation:
Satt des Emmentaler können Sie auch einen Tilsiters oder einen milden Butterkäse verwenden.

Menge:
Für 4 Personen:

Schwierigkeit:
leicht

Zubereitungszeit:
90 Minuten

ZUBEREITUNG

1. Den Weißkohl putzen und in kochendem Salzwasser oder Gemüsebrühe bei mäßiger Hitze 20–25 Minuten bissfest garen.

2. In der Zwischenzeit das Bauernbrot in Würfel schneiden. Die Knoblauchzehen und die Zwiebel schälen und fein würfeln.

3. Das Olivenöl erhitzen und die Brotwürfel darin goldgelb rösten, herausnehmen und in eine Schüssel geben. Knoblauch und Zwiebeln ins verbliebene Bratfett geben und glasig schwitzen.

4. Mit Oregano, Thymian und dem geschroteten Pfeffer zum Brot geben und vermischen. Zum Schluss die Leberwurst und das Kalbsbrät dazugeben und alles zu einer glatten Masse verrühren. Mit Salz, Pfeffer und Cayennepfeffer kräftig würzen. Die Hälfte des Emmentalers untermischen.

5. Den Weißkohl aus dem Sud nehmen und gut abtropfen lassen. Den Strunk mit einem Messer großzügig herausschneiden und die Öffnung mit der Leberwurstmasse füllen.

6. Den gefüllten Weißkohl in eine Auflaufform setzen, etwas Brühe angießen, mit dem restlichen Emmentaler bestreuen und in dem auf 180–200 °C vorgeheizten Backofen 35–40 Minuten garen.

7. Tomaten waschen, den Strunk herausschneiden und die Tomaten fein würfeln. Butter in einer Pfanne erhitzen und die Tomatenwürfel darin anschwitzen, den Wein angießen und einmal aufkochen lassen.

8. Nach Ende der Garzeit den gefüllten Weißkohl aus der Soße nehmen. Die Tomaten angießen und die Soße einmal kräftig aufkochen lassen. Mit Salz, Pfeffer und Cayennepfeffer abrunden.

9. Den gefüllten Weißkohl mit Leberwurstfüllung dekorativ anrichten, mit der Soße überziehen, mit Kräuterzweigen garnieren und sofort servieren.

Putenbrustfilet mit Paprikasoße

ZUTATEN

Für das Fleisch:
800 g Putenbrust am Stück
Salz, Pfeffer aus der Mühle
½ TL Paprikapulver rosenscharf
Butterschmalz zum Braten

Für die Soße:
100 g Schalotten
2 Knoblauchzehen
100 g Tomatenmark
1 EL Paprikapulver edelsüß
200 ml Weißwein
400 ml Gemüse- oder Geflügelbrühe
je 2 Zweige Thymian und Rosmarin
je 1 rote, gelbe und grüne Paprikaschote
dunkler Soßenbinder

Außerdem:
Rosmarinzweige zum Garnieren

ZUBEREITUNG

1. Die Putenbrust unter fließendem Wasser waschen, trocken tupfen, mit Salz, Pfeffer und Paprikapulver kräftig würzen.

2. Das Butterschmalz in einem Bräter erhitzen und die Putenbrust darin rundherum Farbe nehmen lassen.

3. Die Schalotten und die Knoblauchzehen schälen, würfeln, zu der Putenbrust geben und kurz mitbraten.

4. Das Tomatenmark einrühren, kurz rösten, mit Paprikapulver bestäuben, mit Weißwein ablöschen und mit der Gemüse- oder Geflügelbrühe auffüllen.

5. Die verlesenen, gewaschenen Kräuterzweige einlegen und das Ganze zugedeckt im auf 180 °C vorgeheizten Backofen 40 Minuten schmoren lassen.

6. Die Paprikaschoten putzen, halbieren, entkernen, waschen, in Streifen schneiden, in die Soße geben und weitere 20 Minuten schmoren lassen.

7. Die Putenbrust aus der Soße nehmen, in Scheiben schneiden, die Soße zum Kochen bringen, mit dunklem Soßenbinder leicht binden, mit Salz und Pfeffer nochmals abrunden.

8. Die Soße mit den Putenbrustscheiben dekorativ anrichten, mit Rosmarinzweigen garnieren und sofort servieren.

Tipp:
Auch wenn Sie nicht die Möglichkeit haben, täglich einzukaufen, kaufen Sie nicht mehr, als Sie in 2–3 Tagen verbrauchen können, und lagern Sie das Gemüse im Gemüsefach Ihres Kühlschranks.

Menge:
Für 4 Personen:

Schwierigkeit:
leicht

Zubereitungszeit:
75 Minuten

Schnittlauch:
Ist frischer Schnittlauch nicht zur Hand, können Sie sich recht gut mit getrocknetem behelfen. Generell ist zu sagen, dass der Schnittlauch in der Küche überall dort eingesetzt werden kann, wo Zwiebeln mit im Spiel sind. Ähnlich den Zwiebeln, nur etwas feiner, ist sein Geschmack. Schnittlauch wird stets erst kurz vor Garende den Speisen untergemischt, da sein Aroma sonst verfliegt. Besonders fein werden die verschiedenen gemischten Blattsalate, wenn sie mit Schnittlauch gewürzt werden.

Schnelles Kohlrabigratin

ZUTATEN

4 Knollen Kohlrabi
Gemüsebrühe zum Garen
Butter zum Ausfetten

Für den Guss:
4 Eier
200 ml Milch
Salz, Pfeffer aus der Mühle
1 Prise Muskat
2 Tomaten
50 g frisch gehobelter Parmesankäse
1 Bund Petersilie

Menge:
Für 4 Personen:

Schwierigkeit:
leicht

Zubereitungszeit:
60 Minuten

ZUBEREITUNG

1. Die Kohlrabi putzen, schälen, waschen, in Scheiben schneiden und in der erhitzten Gemüsebrühe bissfest garen, abgießen und gut abtropfen lassen. Eine Auflaufform mit der Butter ausfetten und die Kohlrabischeiben in die Form schichten.

2. Die Eier mit der Milch in einer Schüssel verschlagen, mit Salz, Pfeffer und Muskat würzen und über dem Auflauf verteilen.

3. Den Auflauf im auf 180–200 °C vorgeheizten Backofen 40 Minuten garen. In der Zwischenzeit die Tomaten waschen, vom Strunk befreien, halbieren, entkernen und in Würfel schneiden.

4. Das Kohlrabigratin aus dem Ofen nehmen, dekorativ anrichten, mit den Tomatenwürfeln, dem frisch gehobelten Parmesan und der verlesenen, gewaschenen und fein gehackten Petersilie bestreuen und sofort servieren.

Rheinischer Sauerbraten

(ohne Abbildung)

ZUTATEN

1,2 kg küchenfertiger Sauerbraten mit Marinade
Salz
Pfeffer aus der Mühle
1–2 EL Butterschmalz
1 Zwiebel
2 Karotten
1 Stück Sellerie
250 ml Sauerbratenmarinade
250 ml Gemüse- oder Fleischbrühe
75 g eingeweichte Rosinen
einige Tropfen Obstessig
1 Prise Zucker
Speisestärke oder Johannisbrotkernmehl zum Binden
½ Bund Schnittlauch

ZUBEREITUNG

1. Den Sauerbraten aus der Marinade nehmen, trocken tupfen, mit Salz und Pfeffer kräftig würzen.

2. Das Schmalz in einem Bräter erhitzen und den Sauerbraten darin rundherum Farbe nehmen lassen.

3. Die Zwiebel, die Karotten und den Sellerie schälen, in Würfel schneiden, zum Fleisch geben und mitbraten.

4. Den Sauerbraten in dem auf 180–200 °C vorgeheizten Backofen 70–80 Minuten garen. Während der Garzeit öfter mit der Sauerbratenmarinade ablöschen und zum Schluss die restliche Marinade und die Gemüse- oder Fleischbrühe angießen.

5. Den fertigen Braten aus der Soße nehmen und warm stellen, die Soße nochmals aufkochen lassen und anschließend im Mixer oder mit dem Pürierstab pürieren.

6. Die Soße erneut erhitzen und die eingeweichten Rosinen dazugeben. Das Ganze mit Obstessig, Zucker, Salz und Pfeffer abrunden und nach Belieben mit etwas angerührter Speisestärke oder Johannisbrotkernmehl binden.

7. Den Sauerbraten in Scheiben schneiden, mit der Soße dekorativ anrichten, mit frisch geschnittenem Schnittlauch bestreuen und mit Kartoffelpüree und glasierten Karotten sofort servieren.

Menge:
Für 4 Personen:

Schwierigkeit:
leicht

Zubereitungszeit:
120 Minuten

Grüne Pfannkuchen mit Bratwurst

ZUTATEN

Für die Pannkuchen:
250 g Weizenmehl
3 Eier
250 ml Milch
250 ml Mineralwasser
Salz, weißer Pfeffer aus der Mühle
1 Prise Muskat
1 Prise Cayennepfeffer
1 Bund Petersilie
1 Bund Schnittlauch
Butterschmalz zum Ausbacken

Außerdem:
8 kleine Kalbsbratwürstchen
200 g Blattsalate
1 Zwiebel
4 Tomaten
einige Tropfen weißer Balsamicoesslg
einige Tropfen Olivenöl
Kräuterzweige zum Garnieren

Blattsalat:
Zu den Blattsalaten gehören Kopfsalat, Eissalat, Batavia- und Eichblattsalat, Lollo bionda und Lollo rosso, Frisée- und Romanasalat sowie Feldsalat und Endiviensalat. Blattsalate werden erst kurz vor dem Servieren geputzt, in kaltem Wasser gründlich gewaschen, trocken geschleudert oder trocken getupft und in mundgerechte Stücke zerpflückt.

Menge:
Für 4 Personen:

Schwierigkeit:
leicht

Zubereitungszeit:
30 Minuten

ZUBEREITUNG

1. Das gesiebte Weizenmehl mit den Eiern, der Milch und dem Mineralwasser in eine Schüssel geben und zu einem glatten Teig verrühren. Mit Salz, Pfeffer, Muskat und Cayennepfeffer kräftig würzen.

2. Die Petersilie und den Schnittlauch verlesen, waschen, trocken tupfen, die Petersilie fein hacken, den Schnittlauch fein schneiden und beides unter den Teig rühren.

3. Das Butterschmalz in einer Pfanne erhitzen und acht Pfannkuchen ausbacken, herausnehmen und warm stellen.

4. Die Kalbsbratwürstchen im verbliebenen Bratfett braten, je ein Würstchen in einen Pfannkuchen wickeln und warm stellen.

5. Die Blattsalate verlesen, waschen, gut abtropfen lassen, in mundgerechte Stücke zerpflücken und auf Tellern dekorativ anrichten.

6. Die Zwiebel schälen, in feine Scheiben schneiden, die Tomaten waschen, vom Strunk befreien und in Stücke schneiden.

7. Zwiebeln und Tomaten auf den Blattsalat geben, mit Balsamicoessig und Olivenöl beträufeln, salzen und pfeffern, die gefüllten Pfannkuchen dazulegen, mit Kräuterzweigen garnieren und sofort servieren.

Gemüsestrudel mit Bärlauch

ZUTATEN

Für den Teig:
250 g feines Weizenmehl
1 Prise Salz
1 TL Olivenöl, 1 Ei
150 ml lauwarme, fettarme Milch

Außerdem:
750 g Karotten
150 g Lauch (nur das Weiße)
150 g Chinakohl, 2 Zwiebeln
2 Knoblauchzehen
200 ml Gemüsebrühe
2–3 EL Honig
Salz, Pfeffer aus der Mühle
1 Prise Cayennepfeffer
1 EL Majoran, 1 TL Thymian
einige Tropfen Zitronensaft
einige Tropfen Worcestersoße
250 g Quark
75 g frisch geriebener Parmesankäse
75 g gehackte Pistazien
2–3 EL Honig
100 g Bärlauch
30 g flüssige Butter
Kirschtomaten und Bärlauchblätter zum Garnieren

Tipp:
Cayennepfeffer ist eigentlich kein Pfeffer, sondern eine Mischung aus verschiedenen Chiliarten. Er bringt Schärfe ins Essen, wirkt kreislaufstärkend und antibakteriell.

Menge:
Für 4 Personen:

Schwierigkeit:
leicht

Zubereitungszeit:
75 Minuten ohne Wartezeit

ZUBEREITUNG

1. Das Mehl mit dem Salz auf eine Arbeitsfläche sieben, eine Mulde eindrücken, Öl, Ei und Milch dazugeben, alles mit bemehlten Händen schnell zu einem glatten Teig verkneten und zugedeckt 30 Minuten ruhen lassen.

2. Die Karotten schälen, fein würfeln. Den Lauch und den Chinakohl putzen, waschen, in Streifen schneiden. Zwiebeln und Knoblauch schälen, fein würfeln, in einer beschichteten Pfanne anschwitzen, mit der Brühe ablöschen.

3. Das Gemüse dazugeben und unter Rühren bissfest garen. Den Honig einrühren und vollständig auflösen lassen.

4. Mit Salz, Pfeffer, Cayennepfeffer, den Kräutern, dem Zitronensaft und der Worcestersoße kräftig abschmecken und vom Herd nehmen.

5. Das Gemüse in eine Schüssel geben und erkalten lassen. Quark, Parmesan und 50 g Pistazien mit dem restlichen Honig einrühren. Den Bärlauch verlesen, waschen, fein schneiden und unter das Gemüse rühren.

6. Den Strudelteig hauchdünn ausrollen, die Gemüsemasse darauf verteilen und den Teig mithilfe des Küchentuches zu einem Strudel zusammenrollen. Den Strudel auf ein mit Backpapier ausgelegtes Backblech setzen und in dem auf 180–200 °C vorgeheizten Backofen 35 Minuten backen.

7. Herausnehmen, mit Butter bestreichen, mit den restlichen Pistazien bestreuen, erneut in den Ofen geben und weitere 10–15 Minuten backen. Den Strudel in Scheiben schneiden, dekorativ anrichten, mit Kirschtomaten und Bärlauchblättern garnieren und sofort servieren.

Gekräuterte Lammkeule auf buntem Gemüse

ZUTATEN

1 küchenfertige Lammkeule ohne Knochen, ca. 1,2 kg
75 ml Olivenöl
2 Knoblauchzehen
1 EL geriebene Zitronenschale
1 TL Rosmarin
1 EL Majoran
1 TL Thymian

Außerdem:
500 g Schalotten
2–3 Knoblauchzehen
500 g Karotten
1 Bund Frühlingszwiebeln
2–3 EL Butterschmalz
250 ml Weißwein
50 g frische, gemischte Kräuter (Rosmarin, Thymian, Basilikum)
Kräuterzweige zum Garnieren

Variation:
Eine TK-Gemüsemischung sollte man immer nur dann verwenden, wenn es einmal schnell gehen soll. Besser ist es frisches Gemüse zu verarbeiten. Für einen Eintopf wird dann das Gemüse nach dem Säubern gewaschen, in feine Würfel geschnitten und in Salzwasser oder Gemüsebrühe blanchiert.

Menge:
Für 4 Personen:

Schwierigkeit:
leicht

Zubereitungszeit:
60 Minuten
ohne Wartezeit

ZUBEREITUNG

1. Die küchenfertige Lammkeule unter fließendem Wasser waschen, trocken tupfen und in eine Schüssel geben.

2. Das Olivenöl mit den geschälten, fein gehackten Knoblauchzehen, der Zitronenschale, dem Rosmarin, dem Majoran und dem Thymian verrühren und die Lammkeule damit einstreichen. Die Lammkeule im Kühlschrank mindestens zwei Stunden marinieren.

3. Anschließend in einem Bräter mit dem Kräuteröl rundherum anbraten und Farbe nehmen lassen, herausnehmen und warm stellen.

4. Die Schalotten und die Knoblauchzehen schälen und je nach Größe halbieren oder vierteln. Die Karotten schälen, waschen und in mundgerechte Stücke schneiden.

5. Die Frühlingszwiebeln putzen, waschen und ebenfalls in mundgerechte Stücke schneiden.

6. Das Butterschmalz ins verbliebene Bratfett geben, die Schalotten, den Knoblauch und die Karotten dazugeben und anschwitzen.

7. Die Frühlingszwiebeln unter das Gemüse heben, die Lammkeule auf das Gemüse setzen, in den auf 180–200 °C vorgeheizten Backofen schieben und 45–50 Minuten garen.

8. Während der Garzeit öfter mit Wein ablöschen. Kurz vor Garende die verlesenen, gewaschenen und zerpflückten Kräuter auf die Lammkeule geben und mitgaren.

9. Nach Ende der Garzeit die gekräuterte Lammkeule aus dem Ofen nehmen und in Scheiben schneiden. Das bunte Gemüse mit Salz und Pfeffer würzen, dekorativ anrichten, das Fleisch darauflegen, mit Kräuterzweigen garnieren und sofort servieren.

Bayerischer Schweinebraten mit Honigkraut

ZUTATEN

1,2 kg Schweinenacken ohne Knochen
Salz, Pfeffer aus der Mühle
2 Knoblauchzehen
1 EL Kümmel
1 EL gerebelter Majoran
1 EL geriebene Zitronenschale
2 EL Butterschmalz
2–3 Zwiebeln
2–3 Karotten
500 ml helles Bier
500 ml Gemüse- oder Fleischbrühe
dunkler Soßenbinder zum Binden

Für das Kraut:
1 Dose Sauerkraut
1 Zwiebel
1 EL Butter
200 ml Weißwein
200 ml Gemüse- oder Fleischbrühe
2 Lorbeerblätter
5 Wacholderbeeren
2 Nelken
75–100 g Honig

Außerdem:
Petersilie und Tomatenhälften zum Garnieren

ZUBEREITUNG

1. Den Schweinenacken waschen, trocken tupfen, mit Salz und Pfeffer kräftig würzen. Die Knoblauchzehen schälen, fein hacken, den Kümmel, den Majoran und die Zitronenschale dazugeben und mit dem Messerrücken zerreiben.

2. Den Schweinenacken mit der Gewürzmischung einreiben. Das Butterschmalz in einem Bräter erhitzen und das Fleisch darin rundherum anbraten.

3. Die Zwiebeln und die Karotten schälen, in mundgerechte Stücke schneiden, zum Fleisch geben und kurz mitbraten.

4. Die Hälfte des Bieres und der Brühe angießen und das Ganze im auf 180 °C vorgeheizten Backofen 60–70 Minuten garen. Während der Garzeit mit den restlichen Flüssigkeiten aufgießen.

5. Nach Ende der Garzeit das Fleisch herausnehmen, die Soße durch ein Sieb streichen, aufkochen lassen, mit dunklem Soßenbinder leicht binden.

6. Das Sauerkraut zerpflücken, je nach Säuregrad waschen und gut abtropfen lassen. Die Zwiebel schälen, fein würfeln, die Butter in einem Topf erhitzen, die Zwiebelwürfel darin anschwitzen.

7. Das Kraut dazugeben und kurz mitschwitzen. Mit dem Weißwein und der Brühe auffüllen, die Gewürze dazugeben und zum Kochen bringen. Bei mäßiger Hitze 15–20 Minuten köcheln lassen.

8. Fünf Minuten vor Garende den Honig einrühren. Mit Salz und Pfeffer abschmecken. Den Schweinebraten in Scheiben schneiden, mit der Soße und dem Kraut anrichten, mit Petersilie und Tomatenhälften garnieren und mit Kartoffel- oder Semmelknödeln sofort servieren.

Menge:
Für 4 Personen:

Schwierigkeit:
leicht

Zubereitungszeit:
90 Minuten

Tipp:

Lagern Sie Gemüse kühl und dunkel, da das Tageslicht Vitamine und Nährstoffe zerstört. Der beste Platz zum Aufbewahren ist ein kühler Keller oder das Gemüsefach des Kühlschrankes.

Gänsebrust mit Pilzfüllung

ZUTATEN

1 große Gänsebrust am Knochen
Salz, Pfeffer aus der Mühle
1 EL Kräuter der Provence
4 Scheiben Toastbrot
50 ml heiße Milch
1 Eigelb
125 g Mischpilze
1 Prise Muskat
1 Prise Cayennepfeffer
1 EL Butterschmalz
500 g Röstgemüse (Zwiebel, Karotten, Sellerie)
2 säuerliche Äpfel
400 ml Weißwein
400 ml Gemüse- oder Geflügelbrühe
dunkler Soßenbinder zum Binden
Petersilie zum Garnieren

Tipp:
Bevorzugen Sie stets Gemüse- und Obstsorten, die gerade Saison haben. Hier können Sie gewiss sein, dass Sie frische, ausgereifte und für Ihre Ernährung wertvolle Produkte erhalten. Produkte aus dem Treibhaus, die unter künstlichen Bedingungen gezogen wurden, bieten Ihnen nicht dasselbe!

Menge:
Für 4 Personen:

Schwierigkeit:
leicht

Zubereitungszeit:
140 Minuten

ZUBEREITUNG

1. Die Gänsebrust vorsichtig vom Knochen lösen, die beiden Brustfilets sollen noch zusammenhängen.

2. Die Filets mit Salz, Pfeffer und Kräutern der Provence kräftig würzen und mit der Hautseite nach unten auf eine Arbeitsfläche legen.

3. Das Toastbrot in Würfel schneiden, in eine Schüssel geben, mit der heißen Milch übergießen und kurz ziehen lassen.

4. Das Eigelb und die verlesenen, klein geschnittenen Mischpilze dazugeben und zu einer glatten Masse verarbeiten.

5. Mit Salz, Pfeffer, Muskat und Cayennepfeffer kräftig würzen, die Füllung auf die Gänsebrust streichen, diese zusammenklappen, mit Küchenschnur binden oder mit Rouladennadeln feststecken.

6. Das Butterschmalz in einem Bräter erhitzen und die Gänsebrust darin rundherum Farbe nehmen lassen. Das geputzte, klein geschnittene Röstgemüse dazugeben und mitbraten. Die Äpfel schälen, entkernen, würfeln, dazugeben und kurz mitbraten.

7. Mit Weißwein ablöschen, mit der Brühe auffüllen und in dem auf 180–200 °C vorgeheizten Backofen 1 ½–2 Stunden schmoren lassen.

8. Nach Ende der Garzeit die Gänsebrust herausnehmen, auf ein Grillgitter setzen und unter dem Grill kurz überbacken.

9. Die Soße durch ein Sieb passieren, 5–6 Minuten kräftig einreduzieren lassen und mit dunklem Soßenbinder leicht binden, mit Salz und Pfeffer abrunden.

10. Die gefüllte Gänsebrust in Scheiben schneiden, mit der Soße auf heißen Tellern anrichten, mit Petersilie garnieren und mit glacierten Maronen und gemischtem Salat servieren.

Register

Register

Impressum

garant Verlag GmbH
Benzstr. 56
71272 Renningen

Bildnachweis Umschlag: www.shutterstock.com: Irina Rostokina

Umschlaggestaltung: garant Verlag GmbH

www.garant-verlag.de

ISBN 978-3-7359-2293-9